F

FACULTÉ DE DROIT DE PARIS

# THÈSE

## POUR LE DOCTORAT

# DE LA LOI AQUILIA

**EN DROIT ROMAIN**

# DES DÉLITS ET QUASI-DÉLITS

**EN DROIT FRANÇAIS**

PAR

**Paul-Victor VIAL**

AVOCAT A LA COUR IMPÉRIALE DE PARIS



Jeudi 7 Février 1861, à 1 heure.

JURY :

Président : M. MACHELARD,

| Suffragants | MM. PELLAT, COLMET-DAAGE, DUVERGER, | Professeurs |
| --- | --- | --- |
| | RATAUD, | Suppléant |

PARIS

IMPRIMERIE ET LITHOGRAPHIE RENOU ET MAULDE

144, RUE DE RIVOLI.

1861

A MON PÈRE, A MA MÈRE

---

A MA GRAND'MÈRE

# DROIT ROMAIN

## DE LA LOI AQUILIA

### CHAPITRE PREMIER

**Qu'est-ce que la Loi Aquilia?**

La loi Aquilia avait pour but d'obliger à réparer le dommage causé injustement à la propriété d'autrui. Ulpien nous apprend (D. loi 1, pr. *ad leg. Aq.*) que la loi des XII Tables et des lois postérieures s'étaient occupées de cet objet, mais que la loi Aquilia abrogea et remplaça toutes ces dispositions diverses. Elle fut votée par le peuple sur la proposition du tribun Aquilius, vers le cinquième siècle de la fondation de Rome.

La loi Aquilia contient trois chefs. Le premier dispose que celui qui a tué un esclave ou un animal domestique (*pecus*) appartenant à autrui doit payer au propriétaire la plus haute valeur que cet objet a eue depuis un an. Par l'expression *pecus*, on comprend les animaux connus des anciens Romains, et vivant en troupeaux, tels que les bœufs, chevaux, moutons, etc. On y comprit les éléphants et les chameaux quand ils furent introduits en Italie. Les chiens ou les animaux sauvages ne faisaient pas partie de cette classe.

Le second chef disposait que l'adstipulateur, qui faisait acceptilation au débiteur, en fraude du créancier, devait réparer le dommage qu'il avait ainsi causé (Gaïus, com. III, § 215). Gaïus remarque que souvent cette action était inutile au créancier qui avait l'action de mandat, mais que dans le cas où l'adstipulateur niait, elle procurait au créancier l'avantage d'avoir une condamnation au double. — Justinien rendit valables les stipulations « *post mortem meam* »; dès lors l'usage des adstipulateurs devint inutile, et le second chef de la loi Aquilia n'eut plus de raison d'être. Aussi n'en est-il pas question dans les recueils de Justinien.

Par son troisième chef, la loi Aquilia condamne celui qui a causé à la propriété d'autrui tout autre dommage que ceux dont il est question dans le premier chef, à réparer ce dommage; pour calculer le montant de l'indemnité, on prend pour base la plus haute valeur de l'objet pendant les trente jours précédant le délit. Ce chef de la loi s'applique à tout dommage matériel, « *quod quoquo modo corruptum est* » (Inst.), par exemple, une blessure faite à un esclave ou à un animal, le fait de tuer un chien ou tout animal non compris dans le premier chef, de brûler une maison, d'altérer du vin ou de l'huile.

En édictant la loi Aquilia, le législateur romain avait été mû par une double idée : par l'idée d'équité naturelle qui indique que celui qui, par son fait, a causé à autrui un préjudice, doit le réparer, et par l'idée que toute atteinte portée à la propriété d'autrui intéresse l'Etat, et qu'il est nécessaire d'en prévenir le retour en portant une peine contre le délinquant. Aussi la loi obligeait tout d'abord le coupable à payer une indemnité égale au préjudice causé, et de plus, à titre de peine, ajoutait au montant de cette indemnité la différence entre la valeur actuelle de l'objet détérioré et la plus haute valeur qu'il avait pu avoir depuis un certain laps de temps. Les Romains n'avaient pas compris que toutes les peines doivent être appliquées par la société, et qu'il y a quelque chose de peu moral et de dangereux à intéresser un homme à ce que des délits soient commis contre sa propriété.

Les Romains distinguaient les actions en *rei persecutoriæ*, par lesquelles le demandeur réclamait sa propriété ou le paiement d'une dette; *pœnales*, par lesquelles il réclamait une somme ou un objet à titre de peine, et *mixtæ*, à la fois *rei persecutoriæ* et pénales. L'action que donnait la loi Aquilia, nommée parfois *actio damni injuriæ*, était mixte. — Les actions *rei persecutoriæ* n'enrichissent ni n'appauvrissent aucune des deux parties, puisque le demandeur obtient sa chose et le défendeur perd ce qui ne lui appartient pas ou ce qu'il a promis. Mais les actions pénales appauvrissent toujours le défendeur qui est dépouillé d'une valeur qui faisait partie de son patrimoine. Elles enrichissent ou n'enrichissent pas le demandeur suivant qu'il obtient une valeur supérieure ou égale à celle dont il avait été dépouillé. Certains commentateurs modernes ont nommé les premières de ces actions *actions pénales bilatérales*, et les secondes *actions pénales unilatérales*. L'action de la loi Aquilia est une action pénale unilatérale lorsque la valeur la plus haute de l'objet, dans l'année ou les trente jours qui ont précédé le délit, n'est pas supérieure à celle qu'il avait au jour du délit ; dans le cas contraire, elle est bilatérale.

De ce que l'action aquilienne est pénale, il résulte qu'elle comporte toujours l'abandon noxal, et qu'elle n'est pas donnée contre les héritiers du délinquant ; si cependant elle a été intentée du vivant de ce dernier, elle continue contre ses héritiers.

Ainsi, pour ne pas faire peser sur les héritiers du coupable la partie pénale de l'indemnité, on dépouillait le propriétaire lésé d'une créance qui était entrée dans son patrimoine, et qui, pour la plus forte partie, représentait une valeur qui lui avait été injustement soustraite. (Inst., l. IV, t. XII, § 1.)

Si le dommage avait profité aux héritiers, une action *de in rem verso* était donnée contre eux jusqu'à concurrence du profit qu'ils avaient retiré.

Parmi les actions pénales, les unes étaient dites publiques et portées devant les *quæstiones perpetuæ*, les autres étaient privées et jugées comme les actions ordinaires : l'action de la loi Aquilia était de cette dernière classe.

---

## CHAPITRE II

### Dans quels cas il y a lieu à l'action de la Loi Aquilia.

La loi Aquilia avait défini d'une manière rigoureuse les cas où elle s'appliquait; les préteurs ne s'en tinrent pas aux limites exactes posées par le législateur : s'attachant à perfectionner et à compléter la législation, toutes les fois qu'ils trouvaient qu'une bonne loi était trop restreinte dans ses termes, ils l'élargissaient en donnant, dans tous les cas qui leur semblaient rentrer dans l'esprit de cette loi, une action à laquelle ils donnaient le nom d'*action utile* de cette loi. Ces actions utiles étaient, presque toujours, *in factum conceptæ*, c'est-à-dire n'avaient ni *demonstratio* ni *intentio* de droit civil, ces parties de la formule étant remplacées par un exposé des faits. Une action utile avait ainsi été créée pour les dommages qui ne rentraient pas dans les termes de la loi Aquilia, mais qui, dans l'esprit de cette loi, nécessitaient une réparation. (Loi 33, § 1.) Cette action est désignée par les jurisconsultes romains, tantôt sous le nom d'*actio utilis legis Aquiliæ*, tantôt sous le nom d'*actio in fac-*

*tum.*—Les anciens juristes français, Cujas, Donneau, Pothier, pensaient que l'action utile de la loi Aquilia et l'action *in factum* formaient deux actions distinctes, et cherchaient en vain à en saisir les différences. Aucun texte n'établit de distinctions entre ces deux actions; dans la loi 11, *de Præscriptis verbis*, D., Pomponius comprend sous le nom d'actions *in factum* toutes les actions introduites par le préteur pour suppléer à l'insuffisance de la loi Aquilia ; et dans les fragments contenus dans le titre *ad legem Aquiliam*, au Digeste, les jurisconsultes emploient tantôt l'expression d'*actio in factum*, tantôt celle d'*actio utilis* dans des hypothèses analogues. (Voir par ex. Loi 11, § 10, et Loi 27, § 32.)

Les caractères que devait réunir un délit privé pour donner lieu à l'application de la loi Aquilia ont été ainsi résumés par les commentateurs : « *Damnum corpore corpori injuria datum.* »

Nous examinerons successivement chacun de ces caractères.

### 1° DAMNUM.

Il faut, pour qu'il y ait lieu à l'action aquilienne, qu'un dommage ait été causé ; ainsi il y a lieu à cette action si quelqu'un a tué ou blessé l'esclave ou le bétail d'autrui, a brûlé sa maison, gâté ou répandu son vin, coupé ses moissons non encore mûres ; mais si la moisson était bonne à être coupée, il n'y a pas lieu à l'action de la loi aquilienne, parce qu'il n'y a pas préjudice causé. (Loi 27, § 25, *ad. leg. Aq.*)

De même la castration d'un esclave ne tombe pas sous le coup de la loi Aquilia, si la valeur de l'esclave n'a pas été diminuée (§ 28). Si un billet constatant une obligation conditionnelle est détruit, il n'y aura lieu à l'action aquilienne que dans le cas où la condition se réalisera, car c'est dans ce cas seulement qu'il y aura préjudice pour le créancier (loi 40, *ad. leg. Aq.*) ; le créancier pourra bien agir immédiatement pour faire prouver l'existence du billet, avant que le temps en rende la preuve impossible, mais la condamnation contre celui qui l'a détruit restera subordonnée à l'événement de la condition. Un testateur n'a pas action contre celui qui a détruit son testament; mais Ulpien, contrairement à l'opinion de Marcellus, pense qu'il en est autrement de l'héritier et des légataires. (Loi 41, pr.)

Le *damnum* auquel se réfère la loi Aquilia est une *corruptio*, c'est-à-dire il faut qu'il y ait eu un corps détruit, dégradé ou endommagé. Ainsi, le fait de mélanger du sable à du blé, de manière que la séparation en soit onéreuse pour le propriétaire, ne tombe pas sous le coup de notre loi, parce que le blé n'a pas été altéré dans sa substance. (Loi 27, § 20.) — Le fait même d'avoir consommé le blé d'autrui ne rentre pas d'une manière précise dans les termes de la loi Aquilia et ne donne lieu qu'à l'*action utile*. (Loi 30, § 2.)

## 2° CORPORE.

Celui-là seulement est atteint par l'action directe de

la loi Aquilia qui a, par son fait matériel, c'est-à-dire par l'action volontaire de son corps, causé le dommage; dans ce cas se trouve celui qui, de ses mains, a étranglé ou blessé un esclave, ou qui l'a foulé sous ses pieds.

C'est agir directement aussi que de causer une blessure en jetant une pierre ou un javelot.

Mais celui qui effraye un cheval, lequel dans sa fuite écrase un esclave, n'est pas tenu de l'action aquilienne, parce qu'il n'a pas agi corporellement sur la personne ou le corps qui éprouve le *damnum;* il en est de même de celui qui mêle du poison aux aliments d'une personne. Ainsi le médecin qui administrerait lui-même des médicaments pernicieux à un esclave serait tenu de l'action aquilienne; celui qui les lui remettrait pour qu'il les prît n'en serait pas tenu. Dans ce dernier cas, comme dans ceux qui précèdent, le préteur donnait une action *in factum*.

Celui qui fournit à quelqu'un les moyens de commettre un délit qui tombe sous le coup de l'action aquilienne n'est pas, par cela même, passible de cette action. Ainsi celui qui donne à un homme furieux l'arme dont il va se servir pour frapper; celui qui tient un esclave pendant qu'un autre lui donne la mort, ne sont pas considérés comme ayant causé le délit *corpore*. On voit par là que la loi Aquilia était loin d'assimiler, comme l'ont prétendu nos anciens criminalistes, le complice d'un délit à l'auteur principal. (Lois 7, §§ 1, 2, 6, 7; — 9 pr., §§ 1, 2, 3; — 11, §§ 1, 2, 5, *ad leg. Aq.*).

### 3° CORPORI.

Le *damnum* doit porter sur le *corpus* lui-même. Ainsi, un dommage non matériel qui ne porte atteinte qu'à la considération ou au crédit peut donner lieu à l'*actio injuriæ*, jamais à l'action aquilienne, même utile.

C'est parce que le *corpus* n'a pas été détruit ou altéré que les jurisconsultes romains décidaient, ainsi que nous l'avons déjà dit, que le fait de mélanger du sable à du blé ou de semer de l'ivraie dans un champ de froment ne tombait pas sous le coup de la loi Aquilia.

### 4° INJURIA.

Le dommage, pour donner lieu à l'application de la loi Aquilia, doit avoir été commis *injuria*. Ce mot, ici, ne signifie pas insulte, comme dans l'action d'injure; mais il s'applique à tout fait accompli contrairement au droit (*contra jus*), lors même qu'il n'y aurait pas eu intention de nuire (loi 5, § 1, *ad leg. Aq.*). Il faut donc qu'il y ait faute de la part de celui qui a causé le dommage; il résulte même des conditions que nous avons déjà étudiées que cette faute doit être une faute *in committendo*, et non pas seulement une faute *in omittendo*.

Mais toute faute *in committendo*, quelque légère qu'elle soit, donne ouverture à l'action aquilienne (loi 44, pr.). Il est juste, en effet, que lorsqu'un dommage a été causé par le fait d'un homme, ce dommage soit supporté par lui, toutes les fois que la moindre imprudence ou la moindre négligence peut lui être imputée, plutôt que de rester à la charge du propriétaire de la chose détériorée, auquel on ne peut rien reprocher. Mais nous voyons encore ici une conséquence fâcheuse du caractère à la fois pénal et civil donné à l'action aquilienne; car il est contraire à toute règle de justice qu'une peine soit infligée alors qu'il n'y a pas eu dol, c'est-à-dire intention de nuire, ou au moins connaissance par celui qui agit que son action pourra être nuisible.

Le Digeste nous donne un grand nombre d'exemples d'où il ressort que la moindre faute suffit pour donner ouverture à l'action *damni injuriæ*. Ainsi le cocher qui, ne pouvant se rendre maître de ses chevaux, ou ne sachant les conduire, a écrasé un esclave, est tenu de cette action; il en est de même du chirurgien qui entreprend de saigner un malade et le blesse parce qu'il n'est pas suffisamment habile dans son art. Celui qui tue ou blesse un esclave en faisant tomber sur lui les branches d'un arbre qu'il élague est coupable s'il n'a pas crié pour détourner les passants; il en est de même de celui qui atteint un esclave en s'exerçant à jeter des javelots dans un endroit qui n'est pas spécialement destiné à cet usage. Ces mêmes personnes ne sont pas coupables si elles ont taillé l'arbre au milieu de leur domaine, où il était interdit de passer, ou si l'accident est arrivé dans l'endroit destiné à s'exercer au maniement du javelot. Dans tous ces cas, la faute doit être appréciée *in abstracto*, c'est-à-dire l'on doit examiner si l'homme le plus prudent aurait pu éviter de causer le dommage.

Il n'y a pas *damnum injuria datum*, et par conséquent il n'y a pas lieu à l'action aquilienne, lorsque celui qui a commis le dommage n'avait pas conscience de ses actes. Ainsi, un fou ou un enfant non encore *doli capax* ne peuvent être responsables du dommage par eux causé ; ils ne peuvent l'être davantage, dit Ulpien (loi 5, § 4), que ne le serait une tuile qui aurait tué un esclave en tombant d'un toit. Il faut remarquer, sur ce point, qu'un impubère peut être tenu de l'action aquilienne s'il est *doli capax*.

Enfin, il n'y a pas *damnum injuria* lorsqu'on n'a causé le dommage qu'en usant d'un droit reconnu par la loi. Ainsi celui qui a tué un esclave en défendant sa vie n'est pas coupable : « *Vim enim vi defendere omnes leges omniaque jura permittunt* » (loi 45, § 4). La loi des Douze Tables et la loi Cornelia permettaient même de tuer le voleur de nuit ; les jurisconsultes décidèrent cependant qu'il y avait faute dans le sens de la loi Aquilia si on ne s'était pas assuré, en appelant au secours, qu'il était impossible de se débarrasser du voleur sans lui ôter la vie.

N'agit pas non plus *injuria* celui qui coupe l'aqueduc construit sur son fonds et sans droit par son voisin (loi 29, § 1), celui qui, pour arrêter un incendie, a démoli une maison qui était sur le point de brûler.

Enfin, par application de la loi Julia *de Adulteriis*, on ne donnait pas l'action aquilienne contre celui qui tuait un esclave qu'il surprenait en relations adultères avec sa femme.

---

## CHAPITRE III

### A qui appartient l'action de la Loi Aquilia.

L'action aquilienne appartient, en principe, au maître de la chose endommagée : « *Legis Aquiliæ actio hero competit, hoc est domino*, dit Ulpien (loi 11, § 6).

Cette action, comme toute espèce de créance, s'acquiert par les esclaves et par les fils de famille ; ainsi un père acquiert l'action pour le dommage souffert par son fils en sa puissance (loi 7, pr.).

Les jurisconsultes considéraient comme *dominus*, au point de vue de la loi Aquilia, non-seulement celui qui était propriétaire de la chose au moment où le dommage avait eu lieu, mais encore celui qui, par une fiction juridique, était rétroactivement considéré comme en ayant été propriétaire à ce moment. Ainsi, ils décidaient que celui qui avait vendu un esclave avec clause de réméré, avait l'action aquilienne si, l'esclave ayant été blessé pendant qu'il n'en était pas propriétaire, il exerçait le réméré (loi 11, § 7) ; que toutes les fois qu'il y avait lieu d'appliquer le *postliminium*, l'action aquilienne était recouvrée avec les autres biens.

Par suite d'une fiction analogue, toutes les fois

qu'un des biens compris dans une hérédité jacente est endommagé, l'action de la loi Aquilia est censée naître au profit du défunt, en vertu du principe : « *Hereditas jacens sustinet personam defuncti,* » et l'héritier, en faisant adition, recueille cette action (loi 43).

Il n'en est pas de même des choses léguées. Gaïus (Com. II, § 195) nous apprend que, pour mettre fin à une longue controverse entre les Proculiens et les Sabiniens, l'empereur Antonin avait décidé, conformément à l'avis des premiers, que le légataire ne serait considéré comme propriétaire de la chose léguée qu'à partir du jour où il aurait accepté le legs, et non à partir de l'adition d'hérédité comme le voulaient les Sabiniens. Par application de ce rescrit, si l'objet légué avait péri avant l'acceptation du legs, que ce fût après ou avant l'adition d'hérédité, le légataire, n'ayant jamais été propriétaire de cet objet, n'avait pas l'action aquilienne qui appartenait à l'héritier. Si l'objet n'avait été que détérioré, le légataire avait l'action, après avoir accepté le legs (1). En cas d'un legs fait *conjunctim* à deux personnes, si l'un des deux légataires n'accepte pas le legs, l'action aquilienne appartient en entier à l'autre.

Les jurisconsultes interprétaient d'une manière tellement rigoureuse la règle que l'action aquilienne n'appartient qu'au propriétaire, qu'ils ne la donnaient pas à celui qui avait été blessé dans son propre corps,

(1) Avant la découverte du manuscrit de Gaïus, la loi 13, § 3, qui contient cette solution, n'avait pu être comprise par les commentateurs.

parce qu'on ne dit pas qu'on soit propriétaire de ses membres ; dans ce cas, l'homme libre blessé n'avait que l'action utile (loi 13, pr.). Par voie de conséquence, on décidait aussi que si, un esclave ayant été blessé, son maître l'affranchissait et l'instituait son héritier, l'esclave ne pouvait succéder à l'action aquilienne acquise à son maître contre celui qui l'avait blessé ; mais si l'esclave n'avait été institué que pour une portion de l'hérédité, ses cohéritiers pouvaient exercer l'action aquilienne trouvée par eux dans l'hérédité (loi 36, § 1). On s'est demandé si cette action appartient aux cohéritiers en totalité, ou seulement en proportion de leur part héréditaire. Cujas adopte le premier avis, par analogie de la loi 23, § 3, *de acquirendo rerum dominio*, qui, s'occupant de l'acquisition faite par un esclave commun à deux maîtres, décide que, si l'un ne peut acquérir, l'autre bénéficie de tout ce qui advient à l'esclave.

Il y a certaines classes de personnes qui, sans être propriétaires d'un objet, ont grand intérêt à ce qu'il ne soit pas détruit ou détérioré, et auxquelles les jurisconsultes ont, pour ce motif, donné l'action aquilienne utile : ce sont les possesseurs de bonne foi, les créanciers gagistes et les usufruitiers.

Le possesseur de bonne foi d'un esclave a action même contre le propriétaire de cet esclave qui l'aurait blessé ou tué, et, à l'inverse, le propriétaire découvrant son droit sur l'esclave possédé par un autre, a action contre le possesseur qui a blessé l'esclave (lois 17, pr., et 38).

Le créancier gagiste peut avoir grand intérêt à se faire indemniser de la perte de son gage, par exemple si la dette que garantissait le gage est une dette naturelle, ou bien si le débiteur est insolvable : le préteur lui donne donc l'action utile. Mais le débiteur a lui-même l'action aquilienne directe comme propriétaire de la chose détruite. Afin que le défendeur ne soit pas obligé de payer deux fois la valeur de cette chose, le créancier aura l'action utile contre lui jusqu'à concurrence du montant de la créance, et le débiteur agira par l'action directe pour l'indemnité qui sera réglée d'après les bases ordinaires de la loi Aquilia, déduction faite de la somme payée au créancier gagiste (loi 30, § 1).

L'usufruitier a aussi l'action aquilienne utile pour se faire indemniser de la privation ou de la diminution de jouissance qu'il éprouve d'un *damnum injuria datum*; il a cette action même contre le nu-propriétaire des biens dont il a l'usufruit (loi 11, § 10, et loi 12).

L'action aquilienne appartient, ainsi que nous l'avons déjà dit, aux héritiers de la personne lésée (loi 23, § 8).

La loi Aquilia étant de droit civil, l'action aquilienne directe n'était donnée qu'aux citoyens romains, mais le préteur donnait aux pérégrins l'action utile. Cette action utile donnée aux pérégrins avait cela de particulier qu'elle était fictice, et par conséquent conçue *in jus*; le préteur délivrait la formule ordinaire de la loi Aquilia, en y ajoutant, après le nom du demandeur, les mots « *si civis romanus esset.* » (Gaïus, C. IV, § 37).

Il nous reste à examiner si l'action aquilienne peut être donnée à celui qui a déjà intenté une autre action relativement au même fait. Par *le même fait*, les jurisconsultes entendaient indifféremment, — ou bien un fait unique qui pouvait donner ouverture à deux actions différentes, comme le cas où on a tué l'esclave d'autrui, et où le meurtrier est passible, pour ce seul fait, des actions de la loi Cornelia et de la loi Aquilia, — ou bien deux ou plusieurs faits connexes pouvant donner lieu chacun à une action différente, mais n'ayant eu à eux tous qu'un seul résultat, n'ayant causé qu'un seul et unique dommage. Tel est le cas où quelqu'un a volé puis tué un esclave. Le premier de ces délits donne ouverture à l'action *furti* et à la *condictio furtiva*, le second à l'action aquilienne, et cependant le préjudice causé au propriétaire a été unique : de là la question de savoir si la réparation doit aussi être unique, ou bien si le propriétaire, dans ce dernier cas et dans le premier, pourra cumuler toutes les actions qui lui sont données.

Sur ce point, il est nécessaire de distinguer suivant que l'action qui se trouve en concours avec l'action aquilienne est pénale ou *rei persecutoria*.

Pour le cas où cette action est pénale, une vive controverse s'était élevée entre les jurisconsultes. Les uns, tels que Modestin (loi 53, pr. *de Obl. et act.* Dig.), et Gaïus (Com. III, § 213), refusaient le cumul et décidaient que le demandeur avait le choix entre les différentes actions pénales, mais qu'après en avoir exercé une il était déchu des autres. Paul (loi 34, pr. *de Obl. et act.* Dig.), après l'exercice d'une des actions pénales, accordait l'action de la loi Aquilia, mais seulement pour ce qui, dans l'estimation de l'indemnité par cette action, dépassait l'indemnité obtenue par la première action. Enfin, Papinien et Ulpien (lois 6, pr. *ad. leg. Jul. de Adult.*; 130, *de Regulis juris*; 23, § 9; 27, *ad leg. Aq.*; 2, pr., § 1, 2, 4, 5, 6, *de Privatis delictis*, D.), décidaient que toutes les actions pouvaient être cumulées pour la totalité. Cette dernière opinion, qui avait déjà triomphé avant Justinien (loi 32, *de Obl. et act.* Dig.), fut définitivement consacrée par ce prince (Voir *Instit.* lib. IV, tit. III, § 2, et tit. IX, § 1 : Code, loi 3, *de leg. Aquilia*).

Pour le cas où l'action en concours avec l'action aquilienne était une action *rei persecutoria*, il ne ressort pas d'une manière aussi évidente des textes qui nous sont parvenus qu'une controverse ait existé entre les jurisconsultes. Nous croyons cependant en découvrir la trace dans le Digeste. En effet, Paul et Ulpien déclarent (dans les lois 18 et 27, § 11, *ad leg. Aq.*; 36, § 2, *de Her. pet.*; 43 *locati*) que le cumul n'est pas possible entre la loi Aquilia et une action *rei persecutoria*, et que le demandeur, en exerçant une des deux actions qui lui sont ouvertes, sera déchu de l'autre. Au contraire, dans la loi 2, § 3, *de Privatis delictis*, le même Ulpien décide que celui qui, pour le même fait, a la *condictio furtiva* et l'action de la loi Aquilia, peut, après avoir exercé la première de ces actions, exercer encore la seconde, parce que l'estimation de l'indemnité dans l'action aquilienne peut être plus forte que celle que donne la *condictio furtiva.* Il est probable que le jurisconsulte n'entendait donner l'action aquilienne que pour obtenir le supplément d'indemnité. Cette loi est en contradiction manifeste avec les quatre lois que nous avons citées plus haut, et notamment avec la loi 27, § 11, *ad legem Aquiliam*, qui est aussi d'Ulpien, et dans laquelle il est dit expressément que, si l'on a agi par une des deux actions, on ne pourra agir par l'autre, même pour un supplément d'indemnité : « *Si uno judicio res esset judicata, altero amplius non agendum.* » Dans ces deux fragments, Ulpien rapporte l'avis de jurisconsultes qui l'ont précédé. Il est probable que cette différence de solutions est la trace d'une controverse élevée sur ce point entre deux écoles. La loi 130, *de Diversis regulis juris*, semble faire allusion aussi à cette controverse; les mots *præsertim penales* paraissent indiquer que le jurisconsulte, en se prononçant formellement pour le cumul de deux actions pénales, n'ose être aussi affirmatif sur le concours d'une action *rei persecutoria* avec une autre action. Que cette discussion fût ou non pendante encore au moment de la rédaction du Digeste, Justinien a dû se prononcer sur ce point, et nous croyons que sa véritable décision est celle qui se trouve rapportée au titre même de la loi Aquilia, dans les lois 18 et 27, ainsi que dans deux autres lois que nous avons citées;

tandis que l'opinion émise dans la seule loi 2, *de Privatis delictis*, pourrait bien n'avoir été conservée au Digeste que par suite d'une négligence des compilateurs. — Les lois 13 et 14, *de Rei vindicatione*, nous confirment encore dans cette opinion en nous prouvant que, dès le temps d'Ulpien et de Paul, si la question n'était pas encore tranchée en principe, la pratique du moins tendait à ne donner qu'une des deux actions. Il est dit, en effet, dans ces textes, que lorsqu'une personne pouvait, à l'occasion d'un même fait, exercer une revendication et l'action aquilienne, elle devait, en exerçant la première de ces actions, renoncer à l'action aquilienne.

Les lois 46 et 47, *ad leg. Aq.*, s'occupent du cas où l'action aquilienne peut être cumulée avec elle-même. Cette hypothèse peut paraître bizarre : elle est cependant rationnelle. Si vous avez blessé un esclave, le propriétaire a pu obtenir de vous une indemnité *quasi ex vulnerato servo*; si ensuite l'esclave vient à mourir de cette même blessure, le propriétaire peut agir contre vous par l'action aquilienne *quasi ex occiso servo*. Mais Julien nous fait savoir que vous aurez contre le propriétaire une exception de dol pour faire réduire la seconde indemnité jusqu'à concurrence de ce que vous avez payé pour la première.

Si vous avez successivement blessé, puis tué l'esclave, vous serez soumis à deux actions, et vous devrez deux indemnités complètes, parce qu'il y a là deux faits différents donnant naissance chacun à une action.

## CHAPITRE IV

### Contre qui est donnée l'Action Aquilienne.

En principe, l'action de la loi Aquilia est donnée contre celui qui a corporellement (*corpore suo*) causé le dommage.

Si le dommage a été corporellement causé par plusieurs personnes ; si, par exemple, une poutre, lancée par plusieurs, a écrasé un esclave, ou si un esclave, frappé par plusieurs individus, est mort des suites de ses blessures, sans que l'on puisse savoir quelle est celle des blessures qui a déterminé la mort, chacun des auteurs du délit est tenu de l'action aquilienne *in solidum*, c'est-à-dire que chacun d'eux doit payer au propriétaire de l'esclave la même indemnité que s'il avait à lui seul causé tout le dommage, et le paiement fait par l'un des coauteurs ne libère pas les autres (loi 11, §§ 2 et 4, *ad leg. Aq.*). C'est encore là une des conséquences du caractère pénal donné à la loi Aquilia. « Il ne faut pas que les délits restent impunis, dit Julien dans la loi 51 de notre titre, et il vaut mieux, la position des coupables étant la même, les punir tous également que n'en punir aucun (1). » Mais si l'on peut savoir quelle est, parmi les blessures faites à l'esclave, celle qui a causé sa mort,

(1) Si cependant les différents auteurs du délit sont les esclaves d'un même maître, ce dernier n'est tenu que d'une seule action aquilienne. (Loi 32, pr. ad leg. Aq.)

l'action aquilienne sera donnée contre l'auteur de cette blessure comme pour le meurtre d'un esclave, et contre les autres auteurs du délit, seulement comme pour le cas de blessures. Si l'esclave a d'abord été blessé mortellement, si ensuite une autre personne a hâté sa mort, il y avait discussion entre les jurisconsultes sur le point de savoir si l'auteur de la première blessure devait être poursuivi pour meurtre ou pour simple blessure. (Loi 11, § 3 ; loi 51, pr. *ad leg. Aq.*).

Si le fait n'a pas été commis par plusieurs, mais porte préjudice à plusieurs ; si, par exemple, la chose détériorée était commune à deux propriétaires, il n'y a lieu qu'à une seule action et à une seule indemnité, qui appartiendront en commun aux deux personnes lésées (loi 19, pr. *de Noxal. act.*).

Nous savons que, pour être passible de l'action aquilienne, il faut avoir soi-même causé le dommage. Il en résulte que les complices du délit, qui n'ont fait que l'aider ou le faciliter par leurs conseils ou même par leur aide, mais sans y coopérer *corpore*, ne sont pas soumis à l'action de la loi Aquilia. Cependant, lorsque la complicité se rapproche beaucoup d'un concours corporel au délit, on donne l'action utile (loi 11, § 1 *ad. leg. Aq.*).

Cette règle que celui-là seul qui a, de son corps, contribué au délit est tenu de l'action aquilienne, admet une exception remarquable pour ce que nous pouvons appeler, en nous servant d'une expression applicable surtout au droit français, la responsabilité civile. Le maître est, en général, obligé par le délit de son esclave (loi 27, § 3); c'est là une suite du principe que tout ce que fait l'esclave est censé fait par le maître. A ce principe, les Romains avaient, dans l'intérêt du maître, admis le correctif de l'abandon noxal; mais pour la loi Aquilia, cet abandon noxal n'était plus possible, lorsqu'il y avait faute ou négligence de la part du maître. La loi 27, § 11, de notre titre, au Digeste, contient, à ce sujet une décision remarquable. D'après les principes généraux, si les esclaves d'un colon libre ont incendié la ferme à laquelle ils sont attachés, le propriétaire de la ferme a l'action aquilienne contre le colon; mais ce dernier peut se libérer de la condamnation en livrant au propriétaire les esclaves coupables. Ulpien, dans la loi 27, déclare que cela n'est vrai qu'autant que les esclaves avaient jusqu'alors eu une bonne conduite; mais que si, d'après leurs antécédents et leur caractère, le colon a pu prévoir le crime dont ils se sont rendus coupables, il est personnellement en faute pour les avoir gardés, personnellement tenu de l'action aquilienne, et ne peut plus se libérer en faisant l'abandon noxal. Les lois 44, § 1, et 45 pr. donnent une solution analogue. Le possesseur de bonne foi ou le maître d'un esclave fugitif sont responsables du fait de leur esclave.

Quant aux hommes libres, la dérogation aux principes généraux est plus évidente encore que pour les esclaves. Les jurisconsultes décidaient que lorsque quelqu'un ayant autorité sur un homme libre lui prescrivait de commettre un délit tombant sous le coup de la loi Aquilia, celui qui avait donné l'ordre était seul et directement soumis à l'action aquilienne, contrairement aux principes sur le mandat, qui étaient que le mandant n'était jamais directement obligé par le fait du mandataire (loi 37, pr. *ad. leg. Aq.*). Cette exception à la règle générale provient, croyons-nous, du caractère pénal de la loi Aquilia; l'indemnité aquilienne était considérée comme une peine, et Paul, dans la loi 169 *de Div. reg. juris*, pose en principe qu'il n'y a pas faute de la part de celui qui n'a fait qu'exécuter un ordre auquel il ne pouvait désobéir, et que par conséquent il ne peut y avoir de peine prononcée contre lui.

Lorsque l'auteur du *damnum* meurt avant la *litis contestatio*, l'action de la loi Aquilia ne passe pas contre ses héritiers (loi 23, § 8, *ad. leg. Aq.*).

Cette règle, souverainement injuste pour la partie lésée, tient encore au caractère pénal de la loi Aquilia. Si, cependant, les héritiers ont tiré un profit du délit de leur auteur, ils sont tenus par une action *de in rem verso*.

---

## CHAPITRE V

### Quel est le montant de l'indemnité.

Nous avons dit, dans le chapitre Ier, que le montant de l'indemnité est, pour les cas qui rentrent dans le premier chef de la loi Aquilia, de la plus haute valeur que l'animal avait eue dans l'année qui avait précédé le délit, et, pour les cas qui rentrent dans le second chef, de la plus haute valeur de la chose détériorée pendant les 30 jours précédents. Il ne semble même pas que, pour ce second chef de la loi, on tînt compte, pour réduire l'indemnité, de la valeur qui restait à l'objet qui n'avait été qu'endommagé (lois 27, § 5, et 51, § 2, *ad. leg. Aq.*). Le point de départ de l'année ou des 30 jours était le moment du délit; si, par exemple, un esclave était blessé mortellement et ne mourait qu'un certain temps après, l'année que l'on devait considérer pour le calcul de l'indemnité était non pas celle qui avait précédé la mort, mais celle qui avait précédé la blessure, et cela lors même que l'esclave aurait augmenté de valeur dans l'intervalle entre la blessure et la mort (lois 21, § 1, 23, § 2, 51, § 2, *ad. leg. Aq.*).

Les termes de la loi Aquilia ne s'appliquaient qu'à la valeur intrinsèque de la chose détruite ou détériorée. Mais les jurisconsultes prirent en considération, pour le calcul de l'indemnité, tout le préjudice causé au propriétaire; ainsi, lorsque l'esclave tué était institué héritier et n'avait pas encore fait adition, le montant de l'hérédité était compris dans l'indemnité; les jurisconsultes citent encore, à titre d'exemple, le cas où la perte d'un cheval faisait subir une diminution de valeur à tout l'attelage dont il faisait partie; et celui où la destruction d'une de deux choses faisant l'objet d'une obligation alternative, mettait le débiteur dans l'obligation de livrer celle qui avait le plus de valeur, etc. On tenait même compte des dépenses que le maître était obligé de faire par suite du délit (loi 7, pr.).

L'estimation de l'indemnité doit porter sur tout le dommage pécuniaire subi par le maître de l'objet détruit ou endommagé, mais ne pas aller au delà; ainsi l'intérêt d'affection ne doit pas être pris en considération (loi 33, pr.).

On ne doit, non plus, tenir compte que de l'utilité certaine de l'objet détruit; ainsi, celui qui a détruit des filets ne doit pas rembourser au propriétaire de ces filets le poisson qu'il aurait pu prendre à la pêche (loi 29, § 3, *ad. leg. Aq.*).

Mais l'utilité certaine qui doit être remboursée par l'auteur du délit n'est pas seulement celle qui existait au moment de la destruction de l'objet, mais encore celle qui avait existé pendant tout le courant de l'année précédente. C'est ce qui ressort des lois 23, § 6, et 55, de notre titre au Digeste. Cette dernière loi présente quelque obscurité avec la ponctuation qu'on lui donne actuellement; mais elle devient parfaitement claire, si, au lieu du point et virgule qui se trouve après les mots *quoniam liberatus est promissor*, on met un point d'interrogation. La loi, alors, n'a plus d'autre but que de nous apprendre que l'on doit réparer même le préjudice qui ne s'est pas réalisé, mais qui aurait été éprouvé par le maître de l'esclave tué, si le meurtre avait eu lieu dans le courant de l'année précédente. Cette correction nous semble pouvoir être faite sans témérité.

Enfin, il importe de se rappeler que le chiffre de

l'indemnité est doublé, lorsque le défendeur a commencé par nier le délit dont il a ensuite été reconnu coupable.

# DROIT FRANÇAIS

## DES DÉLITS & QUASI-DÉLITS CIVILS

(Art. 1382-1386 du *Code Napoléon.*)

### INTRODUCTION

Le droit français, aussi bien que le droit romain, a consacré ce principe d'équité que celui qui, par sa faute, a causé un dommage à autrui, se trouve, par là même, obligé à le réparer. Tandis que le droit romain, en voulant prévoir chaque cas d'une manière spéciale, se trouva amené, par des conséquences non pressenties du législateur, mais rigoureusement déduites du texte par les jurisconsultes, à consacrer des décisions iniques, tantôt donnant une réparation supérieure au dommage, tantôt la supprimant complétement, ainsi que nous l'avons vu à propos de la loi Aquilia, le droit français, plus sage et plus confiant, se contente de poser le principe dans l'article 1382 du Code Napoléon, laissant au juge le soin d'en tirer les conséquences applicables à chaque fait déterminé. « Tout fait quelconque de l'homme, dit cet article, qui cause à autrui un dommage, oblige celui par la faute duquel il est arrivé à le réparer. » Cette phrase résume la pensée du législateur sur toute cette matière, et les articles suivants n'en sont que des applications diverses.

Mais si cette rédaction un peu large de l'article 1382 a l'avantage, en ne précisant pas les cas où les juges peuvent ordonner une juste réparation, de n'en exclure aucun, elle a l'inconvénient de laisser, sur plusieurs points importants, des lacunes que, dans cette étude, nous aurons à combler, en consultant autant les règles de l'équité que les textes législatifs.

La distinction même en délits et quasi-délits des faits dommageables productifs de l'obligation de réparer, ne nous paraît être qu'un souvenir suranné du droit romain. Les jurisconsultes romains, en effet, voulant donner une action pour la réparation du préjudice causé par un fait non prévu par une loi spéciale, imaginèrent de donner une action *in factum quasi ex delicto*. — Les jurisconsultes français de notre ancien droit, et parmi eux Pothier, n'osèrent abandonner la classification en délits et quasi-délits, et ne pouvant plus les distinguer par cette différence qu'ils étaient ou n'étaient pas prévus par une loi spéciale, ils nommèrent *délits* les faits commis avec mauvaise intention, et *quasi-délits* ceux où il n'entre que de la négligence ou de l'imprudence. — Cette distinction, contraire au sens romain des mots *délit* et *quasi-délit*, n'est d'aucune utilité en pratique, et il nous semble qu'elle aurait dû être écartée par les rédacteurs du Code.

Un certain nombre d'auteurs modernes entendent par *délits* les faits punis par les lois pénales, et *quasi-*

*délits* les faits non prévus par ces lois. Mais rien n'indique que tel ait été le sens qu'ont ces mots dans les articles 1382 et suivants.

Nous étudierons donc les obligations nées des faits illicites et dommageables, sans nous préoccuper davantage de la distinction de ces faits en délits et quasi délits.

---

## CHAPITRE PREMIER

### Des Éléments nécessaires pour qu'il y ait responsabilité.

Il résulte du texte même de l'article 1382 que, pour donner lieu à une action en réparation, il faut qu'il y ait eu préjudice causé, que ce préjudice soit réparable, enfin que celui qui l'a causé ait été en faute.

#### § Ier. — PRÉJUDICE RÉPARABLE.

La première condition posée par la loi, c'est qu'il y ait eu préjudice. On ne pourrait donc pas intenter une action en dommages-intérêts à propos d'un fait qui pourra plus tard causer un dommage, mais qui n'en a pas encore produit.

Quant à la nature du préjudice, les termes de l'article 1382 sont aussi larges qu'il est possible ; ils s'appliquent aussi bien au préjudice moral qu'au préjudice matériel. La loi, en effet, ne pouvait pas protéger moins efficacement l'honneur des hommes que leur fortune. Si donc j'ai été calomnié, j'ai droit à une réparation qui consistera surtout dans la constatation de la fausseté de l'imputation dirigée contre moi. Si la calomnie, au lieu de s'adresser directement à moi, s'est adressée à un de mes parents vivant ou mort, mais de telle sorte que l'effet en rejaillisse sur toute la famille et que j'éprouve un préjudice personnel, j'ai droit également à une réparation. — Les injures proférées publiquement, la divulgation de faits réels, mais auparavant ignorés, peuvent aussi causer un dommage qui devra être réparé par son auteur.

Le préjudice matériel peut s'appliquer soit au corps même de celui qui l'éprouve, soit à sa fortune. Ainsi, celui qui m'a rompu un bras ou une jambe, et celui qui a incendié ma maison, détruit ma récolte, tué mon cheval, doivent réparer la perte que j'éprouve par leur faute. — On cause à autrui un dommage matériel, non-seulement en diminuant sa fortune présente, mais encore en l'empêchant de l'accroître. C'est ce que les Romains exprimaient en disant que les dommages-intérêts doivent comprendre : « *Damnum emergens et lucrum cessans* ; » Cette idée a été reproduite dans l'article 1149 du Code Napoléon pour le dommage résultant de l'inexécution des conventions. Ainsi, le commerçant qui, par des manœuvres déloyales, a fait une concurrence désastreuse à un autre commerçant, doit payer à ce dernier toutes les sommes qu'il l'a empêché de gagner.

Il faut remarquer que, pour qu'on puisse agir individuellement en dommages-intérêts, le préjudice causé doit avoir été individuel. Mais s'il intéresse une universalité, comme une commune ou l'État, la commune, l'État peuvent demander une réparation; mais chaque membre de la commune, chaque citoyen ne pourrait demander une réparation personnelle pour la part qui lui appartient dans le préjudice général.

Pour qu'il y ait lieu à réparation, il faut, avons-nous dit, que le préjudice soit réparable. Ce principe qui, dans son énoncé, semble de toute évidence, a cependant été quelquefois méconnu par la jurisprudence. Il est des préjudices, et ce sont souvent les plus sensibles, qui sont irréparables : telles sont les vives douleurs physiques ou morales. On ne saurait, par exemple, prétendre réparer la douleur que cause à un homme la mort d'un de ses proches. Plusieurs raisons s'opposent à ce qu'un dédommagement en argent puisse lui être donné ; une somme d'argent n'est pas plus l'équivalent d'un semblable préjudice qu'une sensation agréable ne pourrait être la réparation de l'incendie d'une maison ; de plus, il est impossible de trouver une base qui serve à déterminer le montant des dommages-intérêts ; enfin il y aurait quelque chose d'odieux et d'immoral à voir un fils spéculer sur la douleur que lui cause la mort de son père, et venir déclarer que cette douleur sera moins vive si on lui alloue une somme déterminée. — Il nous semble que les mêmes raisons s'opposent à ce que la douleur physique fasse l'objet d'une réparation pécuniaire. Sans doute, un artisan qui, blessé par quelqu'un, se trouve dans l'impossibilité de travailler, peut demander à l'auteur de sa maladie l'équivalent de ce qu'il gagnerait en santé ; mais il ne pourrait, croyons-nous, demander une indemnité pour les souffrances qu'il endure, et celui que l'accident ne prive d'aucun moyen d'augmenter sa fortune et n'induit en aucune dépense, n'a pas d'action en dommages-intérêts.

## § II. — FAUTE.

Le mot *faute*, qui se trouve dans l'art. 1382, suppose d'abord que l'auteur du fait dommageable a outrepassé son droit et empiété sur celui d'autrui, et en second lieu qu'il eût été libre de ne pas commettre cette infraction.

Celui-là seulement est passible de dommages-intérêts qui dépasse son droit, et non celui qui, par l'exercice légitime de son droit, cause quelque désagrément ou quelque dommage à autrui. C'est ce que nos anciens jurisconsultes exprimaient par la maxime : « *Nemo damnum facit qui jure suo utitur.* » Ainsi celui qui, bâtissant une maison à la distance légale de la propriété de son voisin, le prive d'une partie de l'air et du soleil dont il jouissait auparavant, lui cause certainement un préjudice ; il ne devra cependant pas le réparer, parce qu'il n'a fait qu'user de son droit, et parce que ce préjudice n'est pas un empiétement sur le droit d'autrui, mais une conséquence de ce fait que les hommes ne peuvent vivre à côté les uns des autres sans se gêner un peu mutuellement. — Il y a d'autres droits tout aussi sacrés que celui de la propriété, dont l'exercice peut causer à autrui un préjudice, mais un préjudice légitime qui ne donnera pas lieu à réparation. Un historien, par exemple, a le droit, le devoir même, d'exposer fidèlement tous les faits qui se rapportent à l'époque qu'il étudie, et de juger avec indépendance les personnes dont il raconte les actions. Il pourra ainsi porter atteinte à des réputations établies, et blesser des sentiments de famille ; mais s'il n'a rapporté que des faits rigoureusement exacts, s'il a été de bonne foi dans ses appréciations, il ne devra être soumis à aucune action en dommages-intérêts.

On exerce un droit encore, et un droit des moins contestables, lorsqu'on défend sa vie ou son honneur. Celui donc qui, se trouvant en état de légitime défense, tue ou blesse un homme, n'est pas responsable du préjudice ainsi causé.

Est-on responsable du dommage que l'on a causé, non pas en usant de son droit, mais en croyant en user ? Le possesseur de bonne foi, par exemple, est-il tenu de réparer le préjudice qu'il a causé en traitant comme sienne la chose d'autrui ? Nous ne le croyons pas. Les principes généraux du Code s'y opposent ; le même motif qui a fait décider que le possesseur de bonne foi fait siens les fruits qu'il perçoit, c'est-à-dire l'idée que la négligence du véritable propriétaire ne doit pas être une cause de ruine pour le possesseur de bonne foi, s'applique aux travaux, démolitions ou dégradations qu'il a faits sur le fonds qu'il possédait. Nous voyons, du reste, le législateur décider ainsi, pour un cas particulier, dans l'art. 555 du Code Nap. ; on doit, par analogie, appliquer la même règle à tous les cas.

Le principe que l'exercice d'un droit ne peut donner lieu à des dommages-intérêts doit être limité par cette autre maxime qu'il ne faut pas favoriser la mauvaise foi : « *Malitiis non est indulgendum.* » — Ainsi chacun a le droit d'introduire une demande en justice afin d'obtenir satisfaction sur une réclamation qu'il croit fondée ; seulement celui qui a plaidé à tort doit payer les frais de l'instance. Mais il arrive parfois que des gens de mauvaise foi intentent des procès qu'ils savent mal fondés, dans le seul but de causer à leur adversaire des ennuis, des déplacements, quelquefois même un préjudice réel. Dans ce cas, la jurisprudence a depuis longtemps admis que le plaideur de mauvaise foi peut être condamné à des dommages-intérêts considérables, outre le payement des frais. — De même chacun est libre d'exercer où il veut un commerce ou une industrie quelconque, sans être obligé de réparer le préjudice qu'il cause ainsi à ceux qui exercent la même industrie. Mais si la concurrence n'est pas loyale, si on emploie des manœuvres pour détourner la clientèle des établissements voisins ou préexistants, soit en les dépréciant, soit en cherchant à faire naître une confusion qui sans cela n'aurait pas existé, il y a faute de la part de celui qui emploie ces manœuvres, et réparation est due par lui du préjudice causé.

Pour qu'il y ait faute de la part de celui qui agit, il ne suffit pas qu'il empiète sur le droit d'autrui, il faut encore que cet empiétement soit volontaire. Aussi le droit français, comme le droit romain, admet que les cas de force majeure ne peuvent entraîner de responsabilité pour personne. Ainsi, un homme qui, poussé par un autre, tombe sur quelqu'un et le blesse, ne peut être responsable de cet accident. Il en serait autrement, cependant, si cet événement de force majeure avait été précédé de quelque faute sans laquelle aucun dommage ne serait arrivé. — Dans les contrats également, la force majeure exempte de toute responsabilité pour inexécution des conventions; mais il y a cette différence que, dans les contrats, le débiteur doit prouver qu'il y a eu force majeure l'empêchant d'exécuter son obligation, tandis que dans la matière qui nous occupe, ce sera au demandeur à prouver qu'il y a eu faute de la part de celui qui lui a causé un préjudice.

On peut assimiler au cas de force majeure celui où l'accident a été produit par un homme privé de raison, enfant ou insensé. Nous avons vu, à propos de la loi Aquilia, un jurisconsulte romain assimiler le préjudice causé par un fou à celui que produit une tuile qui tombe du haut d'un toit.

Pour les contrats, tous les individus âgés de moins de vingt et un ans sont présumés incapables et assimilés aux enfants dénués de raison. Cette limite n'est pas applicable en matière de délits et quasi-délits, d'abord parce que cette disposition, comme toutes les dispositions exceptionnelles, doit être restreinte plutôt qu'étendue, et ensuite parce que tel individu peut être incapable de régler ses intérêts pécuniaires qui saura parfaitement s'il agit bien ou mal et s'il empiète sur le droit d'autrui. Il est à remarquer en effet que le sentiment du juste et de l'injuste se développe en nous bien avant celui de l'utile, et que c'est précisément dans la première jeunesse que l'idée de justice est en nous plus claire et plus vive. — Pour l'application des peines, le législateur a fixé à seize ans l'époque où l'homme est présumé avoir acquis la plénitude de son intelligence et de son libre arbitre; au-dessous de cet âge seulement, les juges ont à décider s'il a agi avec discernement. Cette règle, croyons-nous, doit être appliquée à la matière des dommages-intérêts.

L'insensé, pas plus que l'enfant sans discernement, ne peut être responsable de ses actes; il ne doit donc pas être condamné à des dommages-intérêts pour le préjudice qu'il a causé en état de démence. On s'est demandé, à ce propos, si un interdit est, pendant tout le temps de son interdiction, incapable de s'obliger par ses délits comme il l'est de s'obliger par des conventions. Nous croyons pouvoir affirmer que telle n'est pas la portée de l'incapacité de l'interdit, et qu'il ne peut être regardé comme étant dans un état de présomption absolue de démence. Ainsi que nous l'avons fait remarquer, on peut être incapable de gérer ses affaires sans avoir perdu la notion du bien et du mal et son libre arbitre. De plus, l'interdiction ne peut être un privilége d'impunité : on a toujours admis, en droit criminel, que l'interdit qui a, dans un moment lucide, commis un crime ou un délit, est passible des peines ordinaires ; et il serait peu raisonnable de dire que celui qui peut compromettre son honneur et sa liberté ne peut s'obliger, par le même fait, à une réparation pécuniaire. Enfin, la publicité du jugement d'interdiction prévient les tiers de ne pas contracter avec l'interdit, et s'ils contractent avec lui, et se trouvent ainsi lésés, ils ont au moins de l'imprudence à se reprocher ; mais celui aux droits duquel un interdit a porté atteinte par un délit n'est aucunement en faute et n'avait nul moyen de se mettre en garde contre un semblable préjudice.

Celui qui est pourvu d'un conseil judiciaire s'oblige, cela n'est contesté de personne, par ses délits et quasi-délits.

Toute personne jouissant de la plénitude de ses facultés intellectuelles est obligée à réparer le tort qu'elle a causé, lorsqu'il y a faute de sa part. Il y a faute suffisante pour produire cette obligation, non-seulement lorsqu'il y a dol ou mauvais vouloir de la part de l'agent du délit, mais toutes les fois qu'on peut lui reprocher la moindre imprudence ou la moindre négligence. Telle est la disposition contenue dans l'article 1383 du Code Napoléon, et cette disposition est parfaitement équitable. « La loi, disait le tribun Bertrand de Greuille en présentant le rapport de la section de législation sur la partie du Code qui nous occupe, ne peut balancer entre celui qui se trompe et celui qui souffre.» Lorsqu'un préjudice a été causé, de deux personnes dont l'une n'a rien à se reprocher et dont l'autre a commis la plus légère faute, il est juste que ce soit en définitive cette dernière qui supporte le préjudice.

Il y a imprudence lorsqu'on cause un accident par un fait que l'on ne croyait pas devoir produire ce résultat, mais qui était de telle nature qu'il était possible d'en prévoir la conséquence. Ainsi, si, dirigeant une voiture avec rapidité, je blesse une personne qui n'a pas eu le temps d'éviter la rencontre, je suis responsable du préjudice causé. Il en est de même de celui qui, tirant à la chasse, atteint un homme ou un animal domestique qu'il n'avait pas vus.

Il y a négligence lorsqu'on a omis de prendre des précautions de nature à éviter un dommage pour autrui. Tel est le cas où un propriétaire n'a pas entouré son puits de rebords suffisants pour empêcher les accidents. — Il importe de faire, sur ce point, une distinction assez délicate en théorie, mais qui est plus facile en pratique : il faut distinguer entre le cas où la négligence a été une des causes du dommage et celui où, le dommage étant déjà sur le point de se produire indépendamment de tout fait nouveau, quelqu'un a seulement négligé de le prévenir, manquant ainsi à un devoir de pure charité pour lequel on ne relève que du domaine de la conscience. Celui qui a négligé d'entourer son puits rentre dans la première de ces deux classes; comme exemple de la seconde nous citerons le cas d'un homme qui rencontre un cheval appartenant à autrui sur le point de se noyer, et qui, pouvant facilement le sauver, le laisse périr par égoïsme. Dans ce dernier cas, il n'y a pas faute directe de la part de celui qui n'empêche pas le dommage de se produire; si on fait abstraction de lui, s'i n'eût pas existé, l'accident ne serait pas moins arrivé; il ne sera donc pas responsable. Dans le premier cas, au contraire, il y a une part des diverses causes ayant amené l'accident qui est imputable au propriétaire négligent; en conséquence, il y a lieu à responsabilité.

Il résulte des motifs de la loi que lorsqu'il y a imprudence de la part de celui qui souffre du préjudice, il n'y a pas lieu à dommages-intérêts, car, la faute étant égale des deux côtés, il n'y a pas de raison pour indemniser l'un aux dépens de l'autre. Mais s'il y a eu seulement imprudence de la part du lésé et dol de la part de l'auteur du dommage, une réparation devra être accordée, sauf au juge à tenir compte, pour la fixation des dommages-intérêts, de la part que l'imprudence du propriétaire peut avoir eue dans l'aggravation du préjudice.

L'application de ces diverses règles a donné lieu, dans la pratique, à de sérieuses difficultés. Nous examinerons les plus saillantes.

On s'est demandé d'abord si la règle que chacun est responsable de son imprudence ou de sa négligence ne souffre pas d'exception; s'il n'est pas certaines professions, celle de médecin notamment, qui se trouvent en dehors de la règle commune. Plusieurs médecins ont voulu assurer à leur profession cette immunité. La médecine, disaient-ils, est un art conjectural; il faut laisser à chacun de ceux qui l'exercent l'appréciation des remèdes à employer pour chaque maladie; les juges ne peuvent, sans se constituer arbitres dans les discussions scientifiques, décider si telle médicamentation a été bonne ou mauvaise. Toutes les fois donc qu'il n'y aura pas eu de la part du médecin intention arrêtée de nuire au malade, il ne pourra y avoir d'action en responsabilité. — Cette prétention des médecins nous paraît inadmissible; elle a été repoussée, en général, par la jurisprudence et les auteurs. Les juges, sans doute, n'ont pas mission de prononcer sur le plus ou moins de valeur d'une opinion scientifique; et toutes les fois qu'entre plusieurs moyens curatifs, proposés tous par de sérieuses autorités pour guérir une même maladie, un médecin aura, après mûre réflexion, pris un parti, un tribunal ne pourra le condamner à des dommages-intérêts parce qu'il pense qu'un autre traitement eût été plus efficace. Mais, tout en faisant cette part à la liberté de la science, il ne faut pas aller jusqu'à mettre les médecins en dehors du droit commun. Leur diplôme les désigne à la confiance du public, et leur assure le privilége d'être appelés près des malades pour les soigner; mais il ne leur donne pas le droit d'être impunément ignorants et imprudents, et de commettre, par leur négligence et leur légèreté, la santé et même la vie des hommes. Les juges, quelque peu versés qu'ils soient dans l'art de la médecine, distingueront aisément le cas où le médecin a choisi consciencieusement, entre plusieurs opinions douteuses, celle qu'il croyait la meilleure, du cas où il a causé une aggravation de maladie par son ignorance ou sa négligence des préceptes les plus élémentaires.

La question fut posée solennellement devant la Cour de cassation, en 1835. Un médecin appelé pour saigner un malade avait pratiqué la piqûre sur l'artère au lieu de la pratiquer sur la veine ; il s'en était suivi un anévrisme qui avait nécessité l'amputation du bras. Il y avait là négligence évidente, car aucun médecin ne peut ignorer la gravité de l'ouverture d'une artère, ni ne peut être incapable de distinguer une artère d'une veine : avec un peu d'attention, l'accident aurait été évité. La Cour, par arrêt du 18 juin 1835, et conformément aux conclusions de M. Dupin, procureur général, décida que, l'imprudence ayant été constatée par les premiers juges, le médecin devait une réparation au malade. Cette opinion, depuis, s'est maintenue dans la jurisprudence ; elle a même été adoptée par un certain nombre de médecins légistes, et entre autres par M. Orfila.

Une seconde question s'élève à propos des dommages causés par des gens en état d'ivresse. L'homme ivre perd la conscience de ses actions ; doit-il, en conséquence, être assimilé à un insensé, et déchargé de toute obligation de réparer le mal qu'il a causé ? Non, dirons-nous hardiment. Le fait même de se mettre en état d'ivresse est une imprudence; de plus, l'ivresse ne peut être invoquée comme exception, par suite du principe : « *Nemo auditur propriam allegans turpitudinem.* » La loi pénale n'admet pas que l'ivresse puisse servir d'excuse; il doit en être de même, à plus forte raison, pour la loi civile. Si, cependant, l'ivresse était involontaire; si, par exemple, on avait administré à quelqu'un un breuvage composé, il ne serait pas responsable des actes par lui commis en cet état, car il n'y aurait pas faute de sa part.

Les opinions sont plus divisées sur le point de savoir si une fille qui a été séduite peut réclamer de son amant des dommages-intérêts. Nous croyons qu'il n'y a pas lieu, en ce cas, à des dommages-intérêts. La fille, en effet, quelques moyens qu'ait employés son séducteur, a donné son consentement à la faute commise : elle doit en supporter les conséquences. Nous pensons qu'il doit en être ainsi lors même que le séducteur n'est parvenu à son but qu'en promettant à la jeune fille de l'épouser. Décider autrement serait porter atteinte à la liberté des mariages. Il nous semble cependant que des dommages-intérêts pourront être accordés dans le cas où le séducteur a rendu publique la faiblesse d'une femme qui aurait pu rester secrète : en ce cas, en effet, il y a préjudice causé par le fait seul de celui-ci.

Nous avons dit que celui qui ne fait qu'user de son droit, par exemple du droit de propriété, n'est tenu d'aucune réparation pour le préjudice qu'il a ainsi causé à d'autres. Cependant on admet généralement qu'un propriétaire qui donne à son terrain une destination qui empêche ses voisins de jouir de leur propriété est tenu de dommages-intérêts. La distinction des cas où une indemnité est ou n'est pas due est fort délicate; la jurisprudence s'est prononcée en ce sens que, lorsque le dommage eût été facile à prévenir, il en est toujours dû réparation, mais que, s'il est une conséquence nécessaire de la destination que le voisin a donnée à sa propriété, les dommages-intérêts ne sont dus que lorsque le préjudice est tel qu'il y a atteinte au droit de propriété de celui qui en souffre; tel est le cas où quelqu'un exerce dans sa maison une industrie qui, par son bruit ou son odeur, rend inhabitables les maisons voisines. — A ce sujet, on s'est demandé si, lorsqu'un établissement dangereux, incommode ou insalubre a été fondé avec l'autorisation de l'administration et conformément à toutes les dispositions du décret du 15 octobre 1810, les voisins peuvent demander des dommages-intérêts pour le préjudice que leur cause cet établissement. On a allégué que l'autorisation et l'enquête qui la précèdent sont une garantie suffisante qu'il n'y a pas empiétement sur la propriété d'autrui. Cependant la doctrine et la jurisprudence décident en général que l'autorisation administrative ne met pas obstacle au droit qu'ont tous ceux qui se trouvent lésés de demander la réparation du préjudice qu'ils éprouvent. Cette opinion nous paraît devoir être suivie. L'administration, en effet, en faisant l'enquête préparatoire et en accordant son autorisation, ne se préoccupe que des questions générales de sécurité et de salubrité publiques; mais il ne peut être ni dans ses intentions ni en son pouvoir de modifier les rapports des particuliers entre eux, et d'accorder aux uns le droit de s'enrichir anx dépens des autres.

La jurisprudence administrative avait voulu, pendant un certain temps, distinguer entre le préjudice matériel causé par un établissement insalubre ou dangereux, et le préjudice moral, c'est-à-dire la simple dépréciation résultant du voisinage de cet établissement. Un champ cultivé et pouvant avantageusement être bâti éprouve, par exemple, un préjudice matériel du voisinage d'une usine dont les émanations compromettent la récolte, mais n'éprouve qu'un préjudice moral d'une usine dont le bruit rend le voisinage inhabitable sans nuire à la culture. Dans le premier de ces cas seulement, le Conseil d'État reconnaissait aux tribunaux le droit d'accorder des dommages-intérêts (ord. du 15 déc. 1824 et du 27 déc. 1826); mais cette distinction a été repoussée par la Cour de cassation, et avec raison, croyons-nous, car dans les deux cas il y a également préjudice provenant de l'empiétement de l'un sur la propriété de l'autre. Nous pensons cependant que les tribunaux devront n'accorder que difficilement des dommages-intérêts pour le préjudice moral, afin de ne pas entraver la liberté de la propriété individuelle et de l'industrie, et ne tenir compte que des dépréciations considérables et diminuant la valeur vénale des fonds.

La jurisprudence a admis, de même, que le concessionnaire d'une mine est responsable envers le propriétaire de la superficie de tout le dommage causé par l'exploitation de la mine, même aux constructions postérieures à la concession, parce que cette concession ne peut priver le propriétaire de l'exercice d'une partie de son droit de propriété (Cass. 3 fév, 1857).

---

## CHAPITRE II

### Responsabilité du fait d'autrui.

En général, on n'est responsable que de son propre fait. Cependant l'art. 1384 du Code Napoléon déclare que l'on est responsable aussi du fait des personnes sur lesquelles on a autorité; en conséquence, il rend les parents responsables pour leurs enfants mineurs, les maîtres et commettants pour leurs domestiques et préposés, les instituteurs et artisans pour leurs élèves et apprentis.

La loi présume que, toutes les fois qu'un délit civil est commis par un des subordonnés qu'elle énumère, il y a faute ou négligence de la part du chef. L'art. 1384 réserve cependant expressément la preuve contraire aux pères, mères, instituteurs et artisans; il ne s'explique pas à l'égard des maîtres et commettants. Nous examinerons, dans la section consacrée à ces personnes, quel sens on doit attacher à ce silence de la loi.

La responsabilité établie par l'art. 1384 est purement civile ; elle ne s'applique nullement à ce qui a un caractère pénal. Par conséquent, non-seulement les peines corporelles, comme la prison, mais même l'amende, ne peuvent être infligées aux personnes civilement responsables. Cependant, dans certains cas formellement prévus par des lois spéciales, l'amende est considérée comme une réparation faite au trésor public ; elle a ce caractère surtout pour les infractions à des lois fiscales. Dans ces cas, elle peut être mise à la charge des personnes énoncées en l'art. 1384. — La condamnation aux frais est, non pas une peine, mais une réparation du préjudice causé au plaideur ou à l'État par la nécessité de faire des avances pour intenter le procès ; la responsabilité civile s'étend donc au payement des frais. C'est, du reste, ce qui est dit textuellement dans l'art. 194 du Code d'instruction criminelle.

Les personnes civilement responsables ont-elles un recours contre l'auteur du délit? Il faut distinguer. Si celui-ci n'avait pas assez de raison pour que le délit lui fût imputable, il n'a pu s'obliger, et le recours n'est pas possible. Il n'est pas possible non plus, si l'auteur du délit n'a fait qu'exécuter les instructions de la personne civilement responsable. Mais, dans tous les autres cas, cette dernière peut recourir contre l'auteur du délit, ou peut même, sans attendre la condamnation, l'appeler en garantie devant le tribunal qui doit statuer sur les dommages-intérêts.

Toutes les fois qu'il y a imputabilité à l'égard de

l'auteur du dommage, le demandeur peut, à son choix, actionner soit celui-ci, soit la personne civilement responsable, soit l'un et l'autre, pourvu qu'il n'obtienne pas plus qu'il n'a perdu. Celui qui est cité comme civilement responsable n'a pas le bénéfice de discussion à l'égard de l'obligé principal, car il n'est pas tenu comme caution, mais comme étant personnellement en faute et personnellement obligé.

Telles sont les règles communes à la responsabilité des trois classes de personnes énumérées dans l'article 1384 ; nous allons examiner les règles particulières à chacune d'elles.

### § Ier. — RESPONSABILITÉ DU PÈRE ET DE LA MÈRE.

Le père, et à son défaut la mère, doivent réparer le dommage provenant du fait de leur enfant mineur, dont ils ont la garde.

Pothier semble dire (*Obligations*, n° 118) et Toullier dit expressément que le père ou la mère n'est responsable que du fait de l'enfant ayant atteint l'âge de raison, mais que, pour celui qui a agi sans discernement, le père et la mère ne sont pas tenus, ou que du moins la présomption de faute n'existe pas à leur égard, et que ce sera au demandeur à prouver qu'il eût dépendu d'eux d'empêcher le délit. Cette opinion nous paraît inadmissible ; il serait étrange que les parents fussent tenus moins sévèrement, alors que l'âge et le peu de raison de leur enfant les oblige à une surveillance plus sévère, et qu'au contraire ils fussent présumés en faute lorsque, l'enfant grandissant, il devient nécessaire de lui laisser un peu plus de liberté. Cette opinion, du reste, a peu de partisans.

La loi exige deux conditions pour que le père ou la mère soient tenus par le fait de leurs enfants. La première est que ces enfants soient mineurs. On s'est demandé si l'enfant émancipé doit être assimilé, en cette matière, à un majeur ou à un mineur. Les auteurs sont partagés sur ce point; un certain nombre ont distingué entre l'émancipation directe et l'émancipation résultant du mariage. Nous pensons qu'il n'y a pas lieu de distinguer, et que l'enfant émancipé doit toujours être assimilé à un majeur. Les présomptions de l'article 1384, comme toutes les présomptions qui supposent dol, faute ou négligence, doivent être restreintes le plus possible; d'un autre côté, l'émancipation directe ou par mariage fait sortir l'enfant de la surveillance de son père et de sa mère. On a dit que l'émancipation peut être téméraire, et que le père ne doit pas, par un acte imprudent, s'exonérer des obligations que la loi lui impose; mais l'émancipation est souvent un acte de bon père de famille, et l'imprudence ou la légèreté ne se présument pas.

La seconde condition mise par la loi est que l'enfant habite chez son père ou sa mère. C'est seulement, en effet, pendant qu'il demeure dans la maison paternelle, qu'il est sous la direction et la surveillance immédiate de son père. Si celui-ci l'a placé dans un établissement d'éducation ou d'industrie, il a délégué au chef de l'établissement son droit de surveillance; celui-ci est tenu d'exercer ce droit et de supporter toutes les conséquences de la négligence qu'il a pu y mettre. Si l'enfant passe la journée dans un établissement de ce genre et rentre le soir au domicile paternel, il paraît assez raisonnable de décider que le chef de l'établissement et le père seront responsables chacun pour le temps que l'enfant passe chez eux.

Pour que les parents soient déchargés de la responsabilité des actes de leurs enfants qui ne demeurent pas chez eux, il faut que cette séparation de demeure ait une cause légitime, comme le placement de l'enfant dans un collége; mais si elle a pour cause l'incurie des parents qui laissent leur enfant se livrer au vagabondage ou à la dissipation, ils restent responsables de toutes ses actions.

En règle générale, la responsabilité incombe au père seul, parce que seul il a l'exercice de la puissance paternelle. Mais si, pour une cause quelconque, l'exercice de cette puissance est dévolu à la mère, c'est elle qui devient responsable.

L'article 1384 ne prévoit que le cas de décès du père; mais il faut, sans aucun doute, appliquer la même règle au cas d'absence ou d'interdiction de celui-ci, de condamnation judiciaire le privant de l'exercice de la puissance paternelle, de jugement de séparation de corps confiant à la mère la garde de l'enfant.

La loi, ainsi que nous l'avons déjà dit, réserve expressément au père et à la mère le droit de prouver qu'ils n'ont pu empêcher le délit commis par leur enfant. Cette preuve, croyons-nous, devra être admise avec plus de facilité à mesure que l'enfant avancera en âge.

§ II. — RESPONSABILITÉ DES MAÎTRES ET COMMETTANTS.

Les maîtres et commettants sont responsables du dommage causé par leurs domestiques et préposés dans les fonctions auxquelles ils les ont employés.

Il est assez facile de comprendre ce que la loi entend par domestiques : ce sont tous les serviteurs à gage attachés à la personne ou employés aux soins de la maison.

Nous ne classerons pas parmi les domestiques les bibliothécaires, instituteurs, aumôniers, etc., même demeurant dans la maison, leurs fonctions plus élevées les distinguant des personnes dont nous venons de parler.

Mais il est moins facile de définir avec précision la classe de personnes auxquelles l'art. 1384 applique la qualification de *préposés*. Ce sont, en général, les personnes qui remplacent le commettant pour un emploi déterminé, d'une manière continue et pour une série d'actes de même nature. Les ouvriers d'un entrepreneur sont les préposés de celui-ci, les commis-voyageurs ceux du commerçant qui les emploie. Un capitaine de navire est le préposé de l'armateur, et l'oblige par ses faits ; mais, par une disposition spéciale du Code de commerce (art. 216), cette responsabilité est limitée à la valeur du navire et du fret. — L'ouvrier qu'emploie un particulier, le couvreur, par exemple, qu'il appelle pour faire une réparation à son toit et dont il ne peut ni apprécier l'habileté ni surveiller le travail, est-il compris dans le terme de *préposé*, et oblige-t-il la personne qui l'emploie, en faisant, par exemple, des dégradations à la propriété voisine? Nous ne le croyons pas; cet ouvrier n'est pas choisi par son commettant pour être *préposé* à une certaine branche de ses affaires, il est seulement employé par lui. Or, le mot *préposé* ne s'applique pas à tous ceux que nous employons; sans cela il eût été inutile de faire mention expresse des domestiques. Au surplus, la présomption de notre article est fondée sur cette idée que le commettant doit s'assurer que son préposé est capable de le remplacer et de surveiller le travail de celui-ci; elle ne doit pas être étendue aux cas où le commettant, manquant de connaissances spéciales, n'a pu prendre aucune de ces deux précautions. Celui qui emploie accidentellement un ouvrier pourra néanmoins être tenu du fait de celui-ci, si le demandeur prouve qu'il y a eu dol, imprudence ou négligence de la part du maître.

L'Etat, les communes, les établissements publics sont responsables, comme les particuliers, du fait de leurs préposés. Ici encore, il faut faire les mêmes distinctions que pour les préposés des particuliers. Ainsi, un agent des douanes qui cause un dommage en visitant des objets qui entrent en France engage la responsabilité de l'Etat, parce qu'il a été délégué par l'Etat pour la fonction qu'il accomplit ; au contraire, il a été jugé (Paris, 16 août 1845) que l'Etat ne peut être tenu de réparer le préjudice causé par la maladresse d'un soldat s'exerçant au tir.

Une exception au principe de la responsabilité de l'Etat pour les actes de ses préposés se trouve dans les lois sur la poste aux lettres.

Il est dit, dans l'art. 5 de la loi du 5 nivôse an v, qu'*en cas de perte* d'une lettre chargée, il n'est dû d'autre indemnité que celle de 50 fr. Il est généralement admis que cette exception doit être restreinte au cas qu'elle prévoit, et que si la lettre a été soustraite par un employé de l'administration des postes, l'administration doit rembourser la totalité de la somme incluse. La loi du 6 juillet 1859 soumet la poste à une responsabilité complète pour les lettres recommandées, mais l'en décharge par le seul fait du reçu de la lettre donné par le destinataire.

Les maîtres et commettants ne sont pas responsables de tous les délits ou quasi-délits commis par leurs domestiques ou préposés, mais seulement de ceux qu'ils ont commis dans les fonctions auxquelles ils sont employés. Cette restriction est de toute justice : les maîtres et commettants, en choisissant leurs subordonnés, n'examinent d'ordinaire leur capacité qu'au point de vue des fonctions auxquelles ils veulent les employer ; c'est pour ces fonctions seulement que ceux-ci sont sous la direction de leurs chefs : pour toute autre chose ils ont une indépendance complète. Ainsi un maître sera tenu des dommages causés par son cocher en conduisant sa voiture, mais il ne sera pas tenu de ceux que ce même cocher aura causés dans une rixe de cabaret. — On s'est demandé si les maîtres et commettants sont tenus de s'assurer non-seulement de l'aptitude de leurs domestiques ou préposés pour les fonctions auxquelles ils les emploient, mais encore de leur moralité, et s'ils sont responsables non-seulement du dommage causé par leurs subordonnés dans l'exercice de leurs fonctions, mais encore des délits volontaires que ceux-ci ont commis à l'occasion seulement de ces mêmes fonctions. Cette question s'est posée devant les tribunaux il y a peu d'années. Un cocher de la Compagnie des voitures de Paris, mécontent d'une plainte portée contre lui par un voyageur, s'était rendu chez lui et l'avait assassiné. En commettant ce crime, le cocher n'était certes pas dans l'exercice des fonctions auxquelles il était préposé, et cependant c'étaient ces mêmes fonctions qui en avaient été l'occasion. La Cour impériale de Paris condamna la Compagnie comme civilement responsable, considérant qu'il est du devoir du commettant de choisir des préposés, non-seulement habiles, mais encore moraux. Nous avons vu, en nous occupant de la loi Aquilia, la même question résolue dans le même sens par le jurisconsulte Ulpien (loi 27, § 11, *ad legem Aquiliam*). Il décide qu'un fermier qui a placé dans la ferme des esclaves d'une moralité suspecte est responsable personnellement envers le propriétaire de l'incendie allumé par ceux-ci, et ne peut se libérer en faisant l'abandon noxal. —

Cette doctrine doit, croyons-nous, être maintenue dans notre droit par *à fortiori*, car le droit romain était beaucoup moins large que le Code Napoléon pour la responsabilité du fait d'autrui. De plus, il y a véritablement une faute à imputer à celui qui met en rapport obligé avec autrui des hommes capables de commettre une mauvaise action; on pourrait, pour ainsi dire, le comparer à ceux qui entretiennent des animaux malfaisants et les laissent aller sur les propriétés voisines.

Nous avons remarqué déjà que l'art. 1384, en permettant aux pères, mères, instituteurs et artisans de prouver contre la présomption établie par cet article, a passé sous silence les maîtres et commettants. Cette omission est-elle un oubli du rédacteur de la loi, et faut-il combler la lacune du texte? ou bien a-t-elle été préméditée de la part du législateur, et doit-on en conclure que les maîtres et commettants ne seront jamais admis à prouver qu'ils n'ont pu empêcher le dommage? — Cette dernière interprétation est conforme à l'ancien droit. « On rend, dit Pothier (*Obl.*, nº 121), les maîtres responsables du tort causé par les délits et quasi-délits de leurs serviteurs ou ouvriers; ils le sont même dans le cas auquel il n'aurait pas été en leur pouvoir d'empêcher le délit ou quasi-délit....., ce qui a été établi pour rendre les maîtres attentifs à ne se servir que de bons domestiques. » — Quelque avis que l'on ait sur la valeur de la raison donnée par Pothier, on comprend qu'elle puisse motiver une différence entre les maîtres et commettants et les autres personnes énumérées dans l'art. 1384 ; les pères et mères ne choisissent pas leurs enfants; les instituteurs et artisans choisissent bien leurs élèves et apprentis ; mais puisqu'ils ont précisément mission de les instruire et de les former, on ne peut exiger d'eux qu'ils les prennent d'une habileté ou d'une sagesse irréprochables. L'omission de l'art. 1384 n'a donc pas dû être involontaire de la part du législateur; elle est évidemment la reproduction de la doctrine qui se trouve dans Pothier. Aussi la grande majorité des auteurs pensent que la présomption de faute à l'égard des maîtres et commettants n'admet pas la preuve contraire, et nous partageons cet avis. — On a objecté, il est vrai, que, dans le discours prononcé au Corps législatif par le tribun Tarrible, chargé de présenter le vœu du Tribunat, l'orateur parle de la faculté de prouver sa non-culpabilité comme appartenant aussi bien aux maîtres et commettants qu'aux pères, mères, instituteurs ou artisans. Mais on sait que le Tribunat, qui était seulement chargé d'exprimer un avis sur des projets de loi qu'on lui présentait tout rédigés, n'était pas initié complétement à la pensée du Conseil d'Etat, et qu'il est arrivé plus d'une fois, soit aux tribuns, soit aux rapporteurs de la commission du Corps législatif, de se méprendre sur la portée de certains textes.

## § III. — RESPONSABILITÉ DES INSTITUTEURS ET ARTISANS.

Les instituteurs et artisans doivent réparer le dommage causé par leurs élèves et apprentis, à moins qu'ils n'établissent qu'ils n'ont pu l'empêcher.

La raison de cette responsabilité est que les pères des élèves ou apprentis ont délégué l'exercice de la puissance paternelle aux instituteurs ou artisans pour tout le temps que leurs fils passent chez eux. Il en résulte que les instituteurs et artisans ne doivent pas être tenus pour le fait de leurs élèves ou apprentis majeurs; un homme majeur en effet n'est plus sous la puissance paternelle, et l'exercice de cette puissance ne peut plus être délégué; de plus il est présumé par la loi assez éclairé pour se diriger lui-même, et personne n'est obligé d'exercer sur lui une surveillance à laquelle, du reste, il aurait le droit de se soustraire.

L'article 1384 ne s'applique qu'aux instituteurs et artisans chez qui résident habituellement les jeunes gens; ils ne seraient pas responsables des actes de ceux auxquels ils ne font que donner leurs soins pendant quelques heures de la journée, même des actes commis pendant la leçon, à moins qu'il ne fût prouvé qu'il y a eu faute de leur part.

Les instituteurs et artisans qui ont été obligés de réparer le préjudice causé par leurs élèves ou apprentis ont-ils un recours contre les parents de ceux-ci?

Nous ne le croyons pas; les parents, en confiant leurs enfants aux personnes ci-dessus dénommées, se sont déchargés sur elles du devoir naturel de surveillance et de discipline, et de toutes les obligations qui en résultent. Cependant il s'est introduit en usage, dans les colléges, de mettre à la charge des pères toutes les dégradations commises par leurs enfants dans l'intérieur de l'établissement. Nous croyons cette prétention mal fondée, à moins que l'enfant n'ait commis les délits par suite de mauvaises habitudes que les parents auraient laissées se développer. Pour les dégradations commises à l'extérieur, un décret du 15 novembre 1811, ayant force de loi, puisqu'il n'a pas été annulé par le Sénat, décide (art. 79) que, lorsque les chefs d'établissement auront été déclarés civilement responsables, ils auront recours contre les pères, mères ou tuteurs, « en établissant qu'il n'a pas dépendu des maîtres de prévoir ni d'empêcher le délit. » Mais cette disposition nous paraît ne devoir jamais être appliquée, puisque précisément l'art. 1384 du Code Napoléon décide que les instituteurs, lorsqu'ils prouveront qu'ils n'ont pu empêcher le délit, ne seront pas civilement responsables.

### § IV. — RESPONSABILITÉ DES PERSONNES NON DÉNOMMÉES EN L'ART. 1384.

L'art. 1384, dans sa première partie, déclare, d'une manière générale, que l'on est responsable du dommage causé par le fait « des personnes dont on doit répondre. » De là est née la question de savoir si la présomption établie par cet article s'applique au fait de toutes les personnes que l'on a sous sa garde, ou bien seulement à celui des personnes qui y sont énumérées. La question s'est posée à propos des gardiens d'aliénés, des tuteurs pour le fait de leurs pupilles, des oncles, tantes ou autres parents qui se sont chargés de l'éducation d'un mineur, des communautés religieuses pour le fait d'un de leurs membres, etc........

Nous pensons que, quoique la position de ces personnes soit à peu près analogue à celle des pères, mères et instituteurs, en vertu du principe que les dispositions exceptionnelles doivent être restreintes, on ne doit pas leur appliquer l'art. 1384. Si, du reste, on lit attentivement cet article, il paraît résulter de ses termes que le législateur a voulu faire une énumération limitative, et non pas énonciative. On ne pourra donc, à notre avis, poursuivre les chefs d'établissements d'aliénés, tuteurs, etc., pour le fait des personnes dont ils ont la garde, qu'en prouvant qu'il y a eu faute de leur part.

Nous déciderons de même, à plus forte raison, pour le mari à l'égard des délits commis par sa femme, excepté cependant pour certains cas spéciaux où les lois rurales ou forestières le rendent responsable du fait de celle-ci.

Différents textes de lois ont créé, pour certaines personnes, une présomption identique à celle de l'art. 1384. Nous allons les examiner successivement.

### 1° *Responsabilité des Hôteliers et Aubergistes.*

Les art. 1952 et 1953 du Code Napoléon rendent les hôteliers et aubergistes responsables des soustractions ou dégradations des effets des voyageurs descendus chez eux, que ce préjudice soit le fait d'un de leurs employés ou d'une personne du dehors. Rien dans ces articles ne déroge à la règle qu'on n'est pas tenu lorsqu'on n'est pas en faute ; nous pensons donc que les hôteliers et aubergistes seront, comme les pères, mères, instituteurs et artisans, déchargés de toute responsabilité s'ils prouvent qu'ils n'ont pu empêcher le préjudice ; par exemple, si leur auberge a été attaquée par une bande de voleurs armés.

L'art. 73 du Code pénal oblige les mêmes individus à désintéresser les personnes victimes d'un crime ou d'un délit commis par quelqu'un qu'ils ont logé plus de vingt-quatre heures sans inscrire sur leur registre ses nom, profession et domicile. Cette disposition exorbitante fait donc réparer un préjudice par quelqu'un qui n'avait aucune autorité sur l'auteur de ce préjudice. L'article précité supposant les hôteliers en faute par cela seul qu'ils ont omis de faire l'inscription voulue, il ne nous paraît pas qu'il y ait jamais lieu de prouver contre la présomption de la loi.

### 2° *Responsabilité des Voituriers.*

Les art. 1782-1786 du Code Napoléon décident

que les voituriers et entrepreneurs de transport par terre et par eau sont responsables de la perte ou de la détérioration des choses qui leur ont été confiées, à moins qu'ils ne prouvent que cette perte ou cette détérioration est arrivée par suite de cas fortuit ou de force majeure. — Ils répondent non-seulement de ce qu'ils ont déjà reçu dans leur bâtiment ou voiture, mais encore de ce qu'ils ont dans leurs magasins; non-seulement de leur propre fait, mais encore du fait de leurs employés. — L'art. 22 de la loi du 15 juillet 1845 applique cette responsabilité aux chemins de fer. Cet article doit, croyons-nous, être compris dans le même sens que les art. 1782 et suiv. du Code, c'est-à-dire que la compagnie sera présumée en faute toutes les fois qu'elle ne prouvera pas que le dommage a été causé par un cas fortuit ou une force majeure.

Les accidents arrivés aux personnes sont prévus par l'art. 10 de l'ordonnance royale du 4 février 1820. Cet article dit que « les propriétaires ou les entrepreneurs (de voitures publiques) sont garants de tous les accidents qui pourront arriver par leur négligence. » Cette rédaction semble exiger que la négligence soit prouvée par la personne victime de l'accident. Cette disposition ne serait donc qu'une application particulière des art. 1382 et 1383 du Code Napoléon.

### 3° *Responsabilité des Communes.*

La loi du 10 vendém. an IV oblige les communes à

réparer le préjudice causé, sur leur territoire, à des particuliers, par des rassemblements ou attroupements, ou bien par le refus d'un colon partiaire de verser à son bailleur la portion de fruits qu'il lui doit, etc. Dans ces cas, tous les habitants de la commune sont présumés en faute pour n'avoir pas empêché le délit ; ils doivent tous contribuer, en proportion de leur fortune, à la réparation du dommage, sauf le recours de ceux qui peuvent se prouver innocents contre les véritables coupables. Lorsque la commune démontre qu'elle a fait ce qu'elle a pu pour empêcher le dommage, elle est déchargée de l'obligation même de faire l'avance de la réparation. — La fixation de cette réparation présente un caractère insolite dans notre législation, et qui a quelque analogie avec celle que comportaient les actions mixtes du droit romain. La commune doit tout d'abord rendre aux personnes qui ont souffert du désordre les objets en nature dont ils ont été privés, ou le double de la valeur de ces objets, puis leur payer des dommages-intérêts au moins égaux à la valeur de ces mêmes objets : de sorte que la réparation peut être triple du dommage éprouvé.

Tout, dans la loi de vendémiaire an IV, porte le caractère d'une loi révolutionnaire. Aussi certains auteurs se sont demandé si elle ne devait pas être regardée comme faite seulement pour la période de la Révolution, et, dès lors, virtuellement abrogée de nos jours. La jurisprudence et la doctrine sont cependant à peu près d'accord aujourd'hui pour décider que cette loi devait, dans l'intention du législateur, être perpétuelle, et que, par conséquent, elle est encore en vigueur. — Mais une question plus controversée s'est élevée pour son application, c'est de savoir si elle est applicable à toutes les communes de France, notamment à la ville de Paris, et à tous les rassemblements, notamment à ceux qui ont pour but de changer la forme du gouvernement. La loi ne fait aucune distinction, et nous croyons qu'il n'y a pas lieu d'en faire en principe. Si on exempte Paris de l'application de cette loi, on ne voit pas pourquoi d'autres grandes villes, telles que Lyon, Marseille, n'en seraient pas exemptes aussi, et l'on serait fort embarrassé de déterminer à quel point on doit s'arrêter dans cette voie d'exclusion. D'un autre côté, nous ne voyons pas pourquoi les rassemblements formés dans l'intention de renverser le gouvernement jouiraient d'une sorte de privilége ; ils ne sont pas plus légaux que d'autres, et peuvent parfois être imputés à la complicité de certaines communes. Il paraît étrange cependant de rendre la ville de Paris et chacun de ses habitants responsables des dégâts produits par une émeute, lorsque ni les habitants en particulier ni le corps municipal n'ont le pouvoir d'y résister. Nous croyons que la solution de cette difficulté se trouve dans le principe que l'on peut toujours combattre une présomption de faute lorsque la loi ne le défend pas, principe qui, du reste, est appliqué à notre loi, pour des cas particuliers, dans l'art. 8 du titre IV. Lorsque les villes prouveront qu'il ne leur a pas été possible d'empêcher le dégât, elles n'en seront pas responsables, et leur preuve sera toute faite lorsque les municipalités, comme celles de Paris, de Lyon et d'autres villes, seront privées du droit de disposer de la force armée. C'est en s'appuyant sur ces motifs que la Cour de cassation a décidé, par arrêt solennel du 15 mai 1841, que la ville de Paris n'est pas tenue de réparer le préjudice causé aux particuliers par une émeute. — Mais si jamais la commune de Paris recouvrait le pouvoir qu'elle a exercé pendant quelques années de la Révolution, nous pensons qu'elle devrait répondre de tout dommage provenant de rassemblements qu'elle aurait laissés se former.

---

## CHAPITRE III

### Responsabilité du Dommage causé par le fait des choses que l'on a sous sa garde.

L'article 1384 décide que non-seulement on est responsable du fait des personnes sur lesquelles on a autorité, mais qu'on l'est encore de celui des choses que l'on a sous sa garde. Les articles 1385 et 1386 sont des applications de cette règle.

L'article 1382 aurait suffi pour autoriser le juge à accorder des dommages-intérêts dans les cas prévus par ces articles. On s'est demandé si le législateur, en faisant des articles spéciaux pour ces cas, n'avait pas eu pour but d'intervertir la preuve, comme pour les cas prévus par l'article 1384, et de faire présumer en faute le propriétaire des choses qui ont causé le dommage, sauf à lui à prouver qu'il y a eu cas fortuit ou force majeure. Nous croyons que cette idée est exacte pour l'article 1385, mais non pour l'article 1386.

Ce dernier article avertit seulement les propriétaires qu'ils doivent veiller à ce que les réparations indispensables soient faites à leurs maisons, et qu'ils ne doivent pas laisser subsister des bâtiments d'une construction vicieuse. Ces prescriptions ne sont que l'expression des règles de la plus vulgaire prudence. Si donc le bâtiment vient à s'écrouler par suite de défaut d'entretien ou de vice de construction, le propriétaire est coupable de négligence. Il ne peut pas dire qu'il n'avait pas aperçu les dégradations ou le vice de construction qui ont amené la ruine de la maison, car il y a encore négligence de sa part, s'il n'a pas vérifié ou fait vérifier par des gens à ce connaissant si sa maison était construite suivant les règles de l'art.

L'art. 1386, en exigeant que celui qui demande la réparation du préjudice causé par la ruine d'un édifice établisse qu'il y a eu défaut d'entretien ou vice de construction, l'oblige donc à prouver qu'il y a faute, et ne déroge en rien aux règles générales sur la preuve; il avertit seulement les propriétaires que tout vice de construction et tout défaut d'entretien leur sont imputables.

Quant à l'article 1385, la rédaction est toute différente; le législateur paraît y déclarer que, dans tous les cas, le propriétaire ou le gardien d'un animal sera responsable des dégâts causés par cet animal. Il n'y est plus question de la condition de faute, la faute est toujours présumée; il suffira au demandeur, pour triompher, de prouver que l'animal, auteur du dégât, appartient au défendeur. Nous ne pensons pas cependant que la loi ait entendu déroger à la règle d'équité qui veut que l'on ne soit pas responsable d'un fait que l'on n'a nullement pu empêcher. S'il y a eu force majeure ou cas fortuit, le propriétaire ou le gardien de l'animal ne sera donc pas tenu; mais ce sera à lui à prouver l'existence de ce cas fortuit ou de cette force majeure. Il semble, en effet, assez rationnel d'assimiler le propriétaire ou le gardien d'un animal à celui qui est responsable du fait d'un enfant dépourvu de raison, et d'appliquer au premier cas la règle posée pour le second dans le dernier paragraphe de l'article 1384.

L'article 1385 dispose que toutes les fois qu'un animal a causé un dommage, réparation en est due par le propriétaire ou le gardien de cet animal. Le droit romain, dans l'action *de pauperie*, distinguait suivant que l'animal avait agi contrairement ou conformément à ses instincts naturels; le Code ne fait pas de distinction : il est juste, en effet, que ceux qui sont propriétaires d'un animal sauvage ou domestique prennent toutes les précautions nécessaires pour qu'il ne puisse causer de dommage à personne.

La responsabilité des actes d'un animal incombe en général au propriétaire, parce que c'est lui qui doit le surveiller ; mais si le propriétaire a loué, prêté ou confié cet animal à une autre personne, c'est cette dernière qui est chargée de sa garde et qui répond des dégâts qu'il peut commettre ; le propriétaire, qui n'a plus la direction de l'animal, est déchargé de toute responsabilité. — Une exception à cette règle se trouve cependant dans la loi des 28 septembre — 6 octobre 1791 (titre II, art. 12) : il y est dit que les dégâts faits aux propriétés d'autrui par les bestiaux laissés à l'abandon seront payés par ceux qui en ont la garde, et, en cas d'insolvabilité des gardiens, par les propriétaires desdits bestiaux. Mais cette disposition exorbitante ne doit pas être étendue au delà de ses termes, par exemple, à des animaux non compris dans la dénomination de *bestiaux*, à des dommages causés à la propriété mobilière, ou à des blessures faites à des hommes ou à des animaux. — Ce même article de la loi de 1791 et une loi du 4 août 1789 permettent de tuer les volailles ou pigeons qu'un propriétaire surprend faisant des dégâts chez lui ; cette faculté ne l'empêche pas de pouvoir réclamer l'indemnité que lui assurent les articles 1382 et 1385.

Les seuls animaux qui sont propriété particulière peuvent donner lieu à l'application de l'art. 1385. Les animaux à l'état sauvage ne sont pas susceptibles de propriété privée, et ne sont sous la garde de personne ; ils peuvent passer d'un fonds sur un autre sans que les propriétaires puissent se demander réciproquement aucune indemnité. Cependant, si un propriétaire avait, par son fait, augmenté le préjudice que les animaux sauvages causaient à son voisin, il devrait l'indemniser de ce dommage.

Ainsi, il a été plusieurs fois jugé que celui qui, en établissant une garenne dans son bois, ou par tout autre moyen, favorise la multiplication des lapins, est responsable du préjudice que ces animaux font éprouver aux récoltes des voisins.

A l'inverse, celui qui, par ses manœuvres, attirerait sur ses terres tout le gibier des propriétés voisines, pourrait être tenu de dommages-intérêts. Dans ces deux cas, en effet, il y a faute de la part de l'auteur du préjudice. — On s'est demandé si le propriétaire qui fait garder la chasse sur ses terres est, par là même, tenu de réparer le dommage causé sur les propriétés voisines par le gibier qu'il ne détruit pas et qu'il ne permet pas de détruire. Merlin, Toullier et d'autres auteurs se prononcent pour l'affirmative; la jurisprudence a adopté cet avis.

Nous hésitons cependant beaucoup à nous ranger à cette opinion. Nul n'est tenu de chasser, nul n'est tenu non plus de laisser chasser chez soi (art. 1 de la loi du 3 mai 1841); nous ne voyons pas quelle faute peut être imputée au propriétaire.

L'art. 1386 décide que « le propriétaire d'un bâtiment est responsable du dommage causé par sa ruine, lorsqu'elle est arrivée par une suite du défaut d'entretien ou par le vice de sa construction. » Le défaut d'entretien est toujours imputable au propriétaire; le vice de construction peut ne pas constituer toujours une faute aussi évidente, mais il y a au moins négligence de sa part pour n'avoir pas vérifié ou fait vérifier par des gens à ce connaissant, si sa maison était construite suivant les règles de l'art. — Une indemnité est due, non-seulement aux propriétaires voisins, mais à tous ceux qui ont souffert de la ruine de la maison, habitants des maisons voisines et de la maison écroulée, passants blessés, etc. Dans le cas où la maison qui est tombée en ruine était soumise à un usufruit, si les réparations dont le défaut a amené la ruine de la maison étaient à la charge de l'usufruitier, le propriétaire continue bien à être tenu vis-à-vis des voisins, par application des termes de l'art. 1386, et parce qu'il est en faute pour n'avoir pas veillé à ce que les réparations fussent exécutées par l'usufruitier, mais il a un recours contre ce dernier; si au contraire les réparations étaient à la charge du propriétaire, non-seulement il n'a aucun recours contre l'usufruitier, mais il devra à celui-ci des dommages-intérêts pour le préjudice que lui cause l'accident.

Il existait dans le droit romain une action, dite *damni infecti*, qui appartenait aux voisins d'une maison menaçant ruine pour obliger le propriétaire à la réparer ou, en cas de refus, se faire envoyer en possession de la maison. Aucune disposition analogue n'existe dans notre droit, et rien n'autorise à appliquer une mesure aussi exceptionnelle.

L'art. 1386 n'est qu'énonciatif; si, par exemple, un arbre menaçant ruine depuis longtemps tombe sur une propriété voisine, le propriétaire de l'arbre devra réparer le préjudice qui en résulte, sinon par application de l'art. 1386, au moins par application de l'art. 1382.

On trouve dans le droit romain une action en vertu de laquelle, lorsqu'un objet avait été jeté d'une fenêtre, tous les habitants de la maison étaient tenus de réparer le préjudice causé, à moins qu'on ne pût découvrir le véritable auteur de ce préjudice. Cette disposition se trouvait reproduite dans le projet du Code, mais elle a été retranchée dans la discussion au Conseil d'État, par le motif qu'étant comprise dans les art. 1382 et 1383, il était inutile d'en faire l'objet d'articles spéciaux. C'était là une erreur, car les articles 1382 et 1383 ne créent aucune présomption de faute, tandis que la disposition que l'on voulait introduire en établissait une d'une nature tout exceptionnelle. Cependant la croyance des conseillers d'État que la disposition des articles retranchés se trouvait comprise dans les règles générales de la matière a fait penser à un certain nombre d'auteurs qu'il fallait appliquer ces articles comme s'ils eussent été conservés. Nous ne le croyons pas; une présomption telle que celle qui résultait de ces articles ne peut être suppléée; elle ne peut résulter que d'un texte de la loi. Or, on ne doit reconnaître comme loi que ce qui a été voté par le Corps législatif, et non pas ce qui a seulement été dans la volonté du Conseil d'État.

# CHAPITRE IV

## De l'Action en dommages-intérêts.

### § Ier. — A QUI ET CONTRE QUI EST-ELLE DONNÉE ?

L'action en réparation du préjudice causé est donnée en principe à la partie lésée et à elle seule. Un mari ne peut demander en son nom personnel de dommages-intérêts pour le préjudice éprouvé par sa femme, un père pour celui qu'ont éprouvé ses enfants; mais le mari, le père, peuvent agir au nom de leur femme, de leurs enfants, ou bien en leur nom personnel, s'ils ont éprouvé un dommage personnel.

Le délit crée *ipso facto* une créance en faveur de celui qui en a été victime, et cette créance suit le sort et la condition de toutes autres créances; elle peut être cédée, elle peut être recueillie par les héritiers de la personne lésée. Cette règle est fort juste, car les héritiers, sans le délit, auraient trouvé dans la succession de leur auteur une valeur qui ne s'y trouve plus; il est donc équitable que l'auteur du délit les indemnise du préjudice qu'ils souffrent par son fait.

Cette règle peut paraître moins juste lorsqu'il s'agit d'un préjudice qui atteignait le *de cujus* dans son corps, et, par conséquent, ne lèse en rien les héritiers. Ainsi nous avons établi que la mort d'un père ne peut donner lieu à des dommages-intérêts en faveur du fils, si elle ne cause pas à ce dernier un préjudice pécuniaire ; si le père blessé seulement meurt après quelques jours, et si la blessure a été faite dans des circonstances telles qu'elle ait causé un préjudice au père sans en causer au fils, ce dernier a-t-il le droit de réclamer les dommages-intérêts auxquels son père aurait eu droit ? Nous croyons que oui ; la créance est née en la personne du père, et, comme il n'est survenu aucune des causes d'extinction prévues par le Code, elle doit subsister après sa mort et suivre les règles ordinaires de la transmission des biens. Cet exemple n'est pas le seul où l'imperfection des institutions humaines fasse que les règles les plus justes en thèse générale soient moins justes dans certains cas particuliers. Il n'en est pas moins nécessaire d'appliquer ces règles générales dans ces cas particuliers, sous peine de tomber dans la confusion et l'arbitraire.

Si cependant la réparation devenait impossible par la mort de la personne lésée ; si, par exemple, le délit avait été une diffamation n'ayant causé au *de cujus* qu'un préjudice moral n'atteignant pas ses successeurs, qui sont des étrangers légataires universels, et ne comportant pas de réparation pécuniaire, l'action, évidemment, s'éteindrait, et ne passerait pas aux héritiers.

L'action en dommages-intérêts est, en principe, donnée contre l'auteur du délit. Nous avons vu, dans le chapitre II, de nombreuses exceptions à ce principe, mais nous avons remarqué que, toutes les fois que l'action est donnée contre une personne civilement responsable, elle peut être exercée aussi contre l'auteur principal du dommage s'il a agi avec discernement, et pourvu que le dommage ne soit réparé qu'une seule fois.

Si l'auteur du dommage a agi conformément aux ordres des personnes qui avaient le droit de lui en donner, est-il responsable du dommage causé en exécution de ces ordres? Non, pensons-nous, si ces ordres étaient donnés par une personne ayant une autorité légale et agissant dans la limite de ses pouvoirs; il est nécessaire, en effet, d'obéir à un supérieur désigné par la loi, et un ordre donné par lui peut être assimilé à un cas de force majeure. Mais nous pensons que l'on est responsable du dommage que l'on a causé en exécutant l'ordre d'un chef non désigné par la loi : par exemple, un domestique en exécutant les instructions de son maître, un ouvrier celles de son patron, s'engagent personnellement; la dépendance où se trouvent ces personnes est le résultat d'un contrat volontaire, et un contrat ne peut avoir pour effet d'autoriser à commettre des délits. Cependant, nous pensons que, dans ce cas, la position du domestique ou de l'ouvrier est meilleure que s'il agissait de son propre chef, car il aura recours contre son maître ou son patron, et celui-ci, s'il est civilement responsable, n'aura pas recours contre lui.

L'action en dommages-intérêts est donnée, non-seulement contre l'auteur du délit, mais encore contre ses héritiers. Cette règle est beaucoup plus juste que celle du droit romain, car, par le fait même du délit, la dette a pris naissance ; l'action en dommages-intérêts n'a pour but que de faire liquider la dette, et la mort du débiteur ne doit pas mettre obstacle à cette liquidation.

## § II. — COMPÉTENCE.

L'action en dommages-intérêts doit, suivant les règles générales, être intentée, d'après l'importance de la demande, devant le juge de paix ou devant le tribunal de première instance du domicile du défendeur. L'art. 639 du Code de commerce décide, par exception, que les tribunaux de commerce connaîtront des demandes en dommages-intérêts reconventionnelles fondées exclusivement sur une demande portée devant la juridiction commerciale, et que ces demandes seront jugées en dernier ressort lors même qu'elles dépasseraient 1,500 fr., pourvu que la demande principale ne dépasse pas cette somme.

Nous ne parlons, cela est entendu, que des dommages-intérêts dus pour réparation de délits ou quasi-délits. Pour ceux qui sont réclamés pour inexécution d'un contrat, la demande doit être portée devant la juridiction qui est indiquée par la nature même du contrat. Si donc le contrat est commercial, l'action sera portée devant le tribunal de commerce. Cette distinction pourra faire que des demandes qui puraissent analogues seront portées devant des tribunaux différents. Si, par exemple, étant commerçant, je prétends qu'un autre commerçant, qui est venu s'établir près de moi, cherche, par des manœuvres déloyales, à établir, à mon préjudice, une confusion entre son établissement et le mien, l'action en dommages-intérêts sera fondée sur un délit civil et je devrai porter mon action devant le tribunal civil. Si, au contraire, ayant acheté à un tiers un fonds de commerce, je vois mon vendeur établir, au mépris de nos conventions, un autre fonds de commerce avec même nom et même enseigne, près de celui qu'il m'a vendu, mon action, étant fondée sur l'inexécution d'un contrat commercial, devra être intentée devant le tribunal de commerce.

Les tribunaux civils ordinaires sont donc, en principe, seuls compétents pour connaître des actions en dommages-intérêts fondées sur un délit ou quasi-délit. L'art. 3 du Code d'instruction criminelle contient une exception pour le cas où le fait productif du dommage constitue un fait puni par la loi pénale.

En ce cas, le demandeur conserve le droit d'intenter son action en réparation, d'une manière principale, devant la juridiction civile ; mais il peut, s'il l'aime mieux, joindre son action particulière à l'action publique, et faire statuer sur sa demande par le tribunal chargé d'appliquer la peine, ou même, s'il s'agit d'une affaire de la compétence du tribunal de police, citer directement devant la juridiction répressive, ainsi que le lui permet l'art. 182 du Code d'instruction criminelle, sans attendre les poursuites du ministère public. La partie civile peut même citer devant la juridiction chargée d'appliquer la peine les personnes civilement responsables, quoique ces dernières ne soient passibles d'aucune pénalité.

On admet généralement que la faculté de statuer sur les demandes de réparations civiles n'appartient qu'aux juridictions répressives organisées par le Code d'instruction criminelle, et que les juridictions exceptionnelles, telles que les conseils de guerre, n'ont pas qualité pour accorder des dommages-intérêts. On décidait de même, autrefois, pour la Cour des pairs, et nous pensons qu'il faudrait adopter aujourd'hui la même décision relativement à la Haute-Cour créée par la Constitution du 22 janvier 1852.

La partie lésée, tant que des poursuites n'ont pas été intentées par le ministère public, peut former sa demande devant la juridiction civile. Dès que des poursuites sont intentées par le ministère public, elle ne peut plus se pourvoir au civil, et toute procédure commencée est suspendue jusqu'au jugement de l'action publique. Mais la partie lésée peut, pendant le cours de l'instance publique, et en tout état de cause, se porter partie civile, c'est-à-dire joindre sa demande à celle du ministère public, et la soumettre à la même juridiction. Dès que l'instance publique est terminée, les tribunaux répressifs redeviennent incompétents pour statuer sur l'action en dommages-intérêts.

Si l'action, intentée d'abord devant un tribunal

civil, a été repoussée, peut-elle, plus tard, si des poursuites sont intentées par le ministère public, être reproduite devant la juridiction criminelle? Nous ne le croyons pas, car la qualification nouvelle donnée au fait productif du dommage et l'intervention du ministère public n'empêchent pas qu'à l'égard de l'auteur du dommage et de la personne lésée, l'action que ce dernier intenterait devant la juridiction répressive, ne tende à obtenir la même chose, ne soit fondée sur la même cause, formée entre les mêmes parties et en la même qualité que la demande précédemment repoussée par la juridiction civile. — De même, si la juridiction répressive, en admettant qu'il y ait eu crime, délit ou contravention, repousse la demande en dommages-intérêts comme mal fondée, cette demande ne peut être reproduite devant la juridiction civile.

Si la juridiction répressive reconnaît que le fait n'est pas punissable et acquitte le prévenu ou l'accusé, il peut cependant se faire qu'il y ait des éléments de faute suffisants pour constituer un délit civil, et la partie qui se prétend lésée n'est pas, pour cela, déchue du droit de demander des dommages-intérêts; mais sa demande devra, suivant les règles ordinaires, être portée devant les tribunaux civils. Les art. 358 et 366 du Code d'instruction criminelle donnent cependant, par exception, aux Cours d'assises, le droit de prononcer des dommages-intérêts en cas d'acquittement et d'absolution; mais cette faculté ne doit pas être reconnue aux tribunaux de police correctionnelle ou de simple police pour lesquels aucun texte ne déroge aux règles générales de compétence.

Quelques lois particulières consacrent d'autres exceptions à ces principes de compétence. — La loi du 29 mai 1819 donne aux victimes d'une diffamation le droit d'intenter leur action devant le tribunal de leur propre domicile, si c'est dans l'arrondissement de ce tribunal que la publication a été faite. — Un certain nombre de lois et décrets réservent au Conseil d'Etat ou aux conseils de préfecture la connaissance des demandes en dommages-intérêts dans les cas qui y sont prévus. — Une question fort importante et fort controversée est de savoir si la fixation des dommages-intérêts dus par l'Etat pour le fait d'un de ses agents est du ressort de l'autorité judiciaire ou de l'autorité administrative. Toutes les fois que l'Etat contracte une obligation pour l'administration du pays, il est certain que les difficultés qui s'élèvent à propos de l'exécution de ce contrat sont de la compétence des tribunaux administratifs. Mais il ne faut pas aller plus loin : lorsque l'Etat est poursuivi comme civilement responsable du fait de ses fonctionnaires ou employés, l'obligation prend naissance dans une négligence qui évidemment ne peut être assimilée à un acte du gouvernement ; il est poursuivi parce qu'il a agi comme un particulier peu diligent : il doit donc, pensons-nous, être soumis, comme les particuliers, à la juridiction ordinaire.

## § III. — PRESCRIPTION.

L'action en dommages-intérêts s'éteint, comme toutes les actions civiles, par la renonciation du demandeur, par la transaction, par la prescription.

La renonciation à l'action civile n'arrête ni ne suspend l'exercice de l'action publique (art. 4 Code d'instr. crim.), excepté dans les cas où, comme pour l'adultère ou pour la diffamation envers les corps constitués ; l'action publique est subordonnée à l'action privée.

La prescription des actions, en matière civile, est de trente ans, en règle générale (art. 2262 C. Nap.). Cette règle subsiste pour les demandes de dommages-intérêts fondées sur des délits purement civils, mais une exception a été introduite, par les art. 635 à 643 du Code d'instruction criminelle, pour les dommages-intérêts auxquels donnent lieu des faits passibles d'une pénalité.

Ces articles décident que, dans ce cas, l'action civile ne peut avoir une durée plus longue que l'action pénale, c'est-à-dire se prescrit pour le délai de un, trois ou dix ans, à partir du délit ou du dernier acte de procédure, suivant qu'il s'agit d'une contravention, d'un délit ou d'un crime. Le législateur n'a pas voulu qu'on pût intenter une action pénale lorsqu'un certain temps écoulé depuis le crime ou le délit en a rendu la preuve à peu près impossible. Dès lors on ne doit pas permettre de prouver ce délit dans une instance civile lorsqu'il ne peut l'être dans une instance criminelle, afin de ne pas donner le spectacle d'une action défendue par les lois, constatée par les tribunaux, et laissée impunie.

La disposition de la loi est formelle, il faut donc s'y conformer ; nous ne pouvons toutefois l'approuver. La prescription abrégée établie dans la plupart des législations pour les poursuites criminelles nous semble fondée bien moins sur l'impossibilité de prouver le fait au bout d'un certain temps que sur un sentiment naturel et juste de clémence. La société, comme les individus, ne peut garder indéfiniment le souvenir des injures ; au bout d'un certain temps il faut qu'elle pardonne. Lorsqu'il n'y a plus à craindre, pour les témoins d'un délit, le dangereux exemple qui résulte du spectacle de l'impunité, lorsque le criminel a, par une vie sans reproches continuée pendant plusieurs années, réparé autant que possible le trouble qu'il a jeté dans la société, il y aurait dureté et presque injustice à aller rechercher un fait au loin dans son passé pour venir troubler sa tranquillité et celle de sa famille, et anéantir la position honorable qu'il a pu se créer par son travail et sa vie devenue irréprochable. Dans ce cas, la réparation publique nous paraît donc être devenue inutile ; mais il n'en est pas de même de la réparation privée.

Lorsqu'un homme a, par son fait, appauvri un de ses semblables, il a, par cela même, contracté une dette dont rien ne peut l'affranchir. Il faut, en cette matière comme en toutes autres, appliquer les règles de la prescription, parce que la prescription est nécessaire à la stabilité des fortunes particulières ; mais nous ne voyons pas pourquoi cette prescription est plus courte que la prescription ordinaire. — Nous comprendrions donc parfaitement qu'à l'homme qui, depuis longues années a commis un délit d'où est résulté un préjudice, la société fît remise de la peine qu'il a encourue, mais sans lui faire remise de la réparation qu'il doit à celui qu'il a lésé. Que l'on considère, au surplus, à quelles singulières conséquences conduit le système de la loi. Un fait est-il licite au point de vue pénal, s'il cause un préjudice à autrui, il expose son auteur à des poursuites pendant trente ans ; une loi intervient-elle qui punit ce même fait de peines de simple police, le tiers lésé perdra sa créance par le seul délai d'une année. — Même dans la législation existante, que l'on voie quels singuliers contrastes se produisent. L'article 445 du Code pénal punit d'une peine correctionnelle ceux qui abattent des arbres qu'ils savent appartenir à autrui. Les propriétaires de ces arbres, si l'auteur du délit n'est découvert qu'au bout de trois ans, n'auront donc plus aucun recours contre lui, parce qu'il était de mauvaise foi ; mais si ce même individu était de bonne foi, s'il n'était exposé à aucune poursuite correctionnelle, le propriétaire des arbres aurait recours contre lui pendant trente ans. Nous voyons donc, dans ce cas, un homme qui a intérêt à prouver qu'il a agi frauduleusement et non pas de bonne foi.

Ces motifs ont porté quelques auteurs à émettre

l'idée que les articles 635 et suivants du Code d'instruction criminelle ne s'appliquent qu'aux poursuites devant la juridiction répressive, et que les personnes lésées par un délit conservent, après la prescription des poursuites criminelles, le droit de s'adresser à la juridiction civile. Telle ne peut avoir été l'intention du législateur; les poursuites criminelles étant prescrites, il était bien évident, en vertu de l'article 3 du Code d'instruction criminelle, que les poursuites civiles ne pouvaient plus être intentées devant la juridiction répressive, puisqu'elles ne peuvent l'être que conjointement à la poursuite criminelle; les articles 635 et suivants, en déclarant les poursuites civiles prescrites, ont un autre but que de répéter la disposition de l'article 3, et ils ne peuvent s'appliquer qu'aux poursuites devant la juridiction civile.

Nous déciderons donc qu'une fois l'action publique à l'occasion d'un fait délictueux éteinte par prescription, toutes les personnes qui ont été lésées par ce même fait ont perdu le droit de demander la réparation du préjudice qu'elles ont éprouvé. Mais nous limiterons, autant que possible, cette disposition exorbitante; nous la restreindrons au cas prévu par le Code d'instruction criminelle, c'est-à-dire au cas d'extinction de l'action publique par prescription. Ainsi, lorsque l'action publique sera éteinte par la mort du prévenu ou par une amnistie, nous pensons que l'action civile ne pourra plus être éteinte que par la prescription trentenaire; dans ces cas, en effet, le motif qui a inspiré le législateur ne se retrouve plus; il n'y aura pas à craindre le scandale résultant de l'impunité. — On doit décider de même, croyons-nous, si une condamnation criminelle ayant été prononcée hors de la présence de la personne lésée, celle-ci se pourvoit plus tard, par action principale, devant la juridiction civile.

Lorsqu'une action en dommages-intérêts est portée devant un tribunal civil et se fonde sur un fait qui s'est passé depuis le temps nécessaire pour la prescription de l'action publique, les juges civils devront décider si ce fait constituait un crime, un délit ou une contravention passibles de pénalité, ou un simple délit civil. Si, au contraire, le fait a déjà été déféré à une juridiction criminelle, nous pensons que la décision de cette juridiction devra avoir force de chose jugée au civil, et que si, par exemple, le tribunal au criminel a prononcé un acquittement, le tribunal civil ne pourra déclarer que le fait constituait un délit correctionnel, et que la prescription s'est accomplie par trois ans. — Nous pensons aussi que si le fait dommageable est parvenu à la connaissance du ministère public, si l'auteur en était facile à saisir, et si le parquet n'a exercé aucune poursuite dans le délai légal, le tribunal civil devra en conclure que ce fait ne constituait ni crime ni délit. Décider autrement serait tendre un véritable piége à la partie lésée, qui se verrait opposer une courte prescription alors qu'elle croyait, sur la foi d'une décision judiciaire, pouvoir compter sur un délai de trente ans ; ce serait aussi aller au delà de l'intention du législateur, puisque ce fait ayant été déclaré par l'autorité compétente ne pas être punissable, on doit présumer qu'à l'égard de la société il n'y a aucun inconvénient à en rappeler le souvenir à un moment où il ne peut être puni ; il y aurait, au contraire, quelque chose de profondément immoral à permettre au défendeur de venir proclamer, contrairement à la décision de la justice, que le fait qu'il a commis constitue un crime ou un délit resté impuni, et de se prévaloir de cette mauvaise action pour repousser la demande intentée contre lui.

Une fois les deux condamnations, pénale et civile, prononcées, il y a une prescription différente pour chacune d'elles : la peine se prescrit par deux, cinq ou vingt ans à partir du jour de l'arrêt ou de celui où le jugement de première instance n'est plus susceptible d'appel ou d'opposition ; la condamnation civile par trente ans à partir de la signification du jugement ou de l'arrêt. De même la grâce ou la réhabilitation prononcées après le jugement ne s'appliquent qu'aux condamnations pénales et laissent intacte la créance des dommages-intérêts au profit de la partie à qui ils ont été alloués.

Il faut remarquer que la prescription de un, trois et dix ans ne s'applique qu'à l'action *en dommages-intérêts* dérivant directement du délit, mais que pour les autres actions prenant leur source dans le même fait, mais n'ayant pas pour but d'obtenir réparation du préjudice causé, il faut appliquer la prescription ordinaire. Ainsi, si j'ai confié un objet à un tiers qui a abusé du dépôt, l'action en dommages-intérêts pour réparation du préjudice que m'a causé l'abus de confiance sera prescrite par trois ans, mais mon action en restitution de l'objet confié durera trente ans. On a, à ce propos, soulevé la question de savoir si, dans le cas de vol, le propriétaire des objets soustraits peut revendiquer la propriété de ces objets après la prescription des poursuites correctionnelles ou criminelles. Nous ne croyons pas qu'il le puisse. L'art. 2279 du Code Napoléon déclare qu'en fait de meubles possession vaut titre; il y a exception, il est vrai, pour le cas de vol, mais le propriétaire des objets ne doit pas, afin de rester dans l'esprit de la loi, pouvoir prouver le vol lorsque les poursuites criminelles contre le voleur ont été rendues impossibles par la prescription.

Le même article limite, sans distinctions, à trois ans l'action du volé contre le tiers détenteur des objets volés; mais nous pensons que contre le voleur lui-même, l'action serait de trois ans en cas de vol simple et de dix ans en cas de vol qualifié. Le recours que le second paragraphe de l'art. 2279 donne au tiers détenteur contre le voleur ne sera prescrit, pensons-nous aussi, que par le même temps et suivant les mêmes distinctions.

---

## CHAPITRE V

### De la Liquidation et du Recouvrement des dommages-intérêts.

La réparation que l'art. 1382 accorde à la personne lésée par la faute d'autrui, a pour but de neutraliser, autant que possible, l'effet préjudiciable de cette faute. Elle devra donc, par sa nature, être assortie au préjudice. Ainsi, un préjudice tout moral et d'opinion, comme une diffamation, comporte surtout une réparation de publicité, qui peut consister, soit dans l'insertion d'une réponse de la personne diffamée dans l'ouvrage qui contient l'allégation injurieuse ou dans les feuilles publiques, soit dans l'affiche et la publication du jugement. Les art. 226 et 227 du Code pénal décident qu'en cas d'outrages ou de violence envers des magistrats, la réparation, à l'égard de ceux-ci, consistera en des excuses verbales.

Mais, dans le plus grand nombre des cas, le préjudice est pécuniaire ; la réparation devra l'être aussi. La fixation de cette réparation, qui prend alors le nom de dommages-intérêts, donne lieu à un certain nombre de questions que nous allons successivement examiner.

Par le fait seul du préjudice qu'il a causé par sa faute, l'auteur du délit devient débiteur de la personne lésée. Les tribunaux, lorsque la demande en dommages-intérêts est portée devant eux, n'ont qu'à vérifier et à déclarer la préexistence de la dette, et à la liquider. La base qu'ils doivent prendre, pour cette liquidation, est le montant du préjudice éprouvé ; et il faut bien remarquer que le préjudice peut être plus considérable que la valeur de l'objet endommagé ou détruit, si, par exemple, le propriétaire de cet objet a été obligé, pour le remplacer, d'acheter un autre objet d'un prix supérieur; il faut remarquer aussi, ainsi que nous l'avons déjà dit, que les juges ne doivent tenir compte que du préjudice réparable, et non de celui qui n'est pas susceptible d'appréciation en argent, comme le prix d'affection. Si donc quelqu'un a incendié ma maison, qui me venait de mon père, je pourrai demander à l'auteur de ce crime, non-seulement la valeur vénale qu'avait ma maison au moment où elle a été brûlée (déduction faite de la valeur du terrain), mais le remboursement de toutes les sommes que j'ai dû dépenser pour déblayer les ruines de ma maison et pour m'en faire construire une seconde semblable à la première; je ne pourrai demander aucune indemnité pour la douleur que j'ai éprouvée à voir détruire une maison où mon père avait vécu et où j'étais né.

Les dommages-intérêts doivent être l'équivalent non-seulement des valeurs que le délit a fait sortir du patrimoine du demandeur, mais encore de celles qu'il a empêchées d'y entrer; ils doivent comprendre, suivant l'expression des vieux auteurs : *damnum emergens et lucrum cessans*. Mais l'application de cette règle, que les dommages-intérêts doivent comprendre *lucrum cessans*, n'est pas sans difficultés. Doit-on obliger l'auteur du délit à rembourser à la personne lésée toutes les sommes qu'il aurait pu gagner d'une manière plus ou moins directe, dans un temps plus ou moins éloigné, sans le fait du premier? Si la Perrette de La Fontaine, au lieu de laisser tomber elle-même le pot au lait qu'elle portait, avait été heurtée par un passant, ce malencontreux personnage eût-il été obligé de payer, outre le lait et la cruche, tout ce qui devait, plus tard, en sortir : « veau, vache, cochon, couvée » ? Cela est inadmissible. Admettre une semblable prétention de la part du demandeur, c'est tomber dans l'arbitraire ; à mesure que les conséquences futures du délit deviennent plus éloignées, elles sont aussi moins certaines, et les dommages-intérêts ne doivent s'appliquer qu'à un préjudice certain. Si je blesse un ouvrier de manière à ce qu'il ne puisse travailler, il est certain que je lui cause un préjudice en l'empêchant, pendant quelque temps, de gagner de l'argent; mais s'il prétend que cet argent que je l'ai empêché de gagner, il eût pu le faire valoir d'une façon très-avantageuse, et que je lui dois réparation de ce second préjudice dérivant du premier, je pourrai lui répondre que ce second préjudice n'est pas certain, et que l'emploi qu'il comptait faire de son argent aurait pu, loin d'être avantageux, être désastreux. Pour couper court à toutes ces questions de fait, les articles 1150 et 1151 du Code Napoléon décident qu'en cas d'inexécution d'un contrat, lorsqu'il y a eu dol, « les dommages-intérêts ne devront comprendre, à l'égard de la perte éprouvée par le créancier et du gain dont il a été privé, que ce qui est une suite immédiate et directe de l'inexécution de la convention, » et, lorsqu'il y a eu simple faute, seulement le préjudice direct qui a pu être prévu lors de la convention. — Quoique ces règles aient été faites pour la matière des contrats, comme elles sont essentiellement équitables, elles nous paraissent devoir être appliquées aux dommages-intérêts dus pour réparation d'un délit. La doctrine et la jurisprudence sont d'accord pour adopter ce principe. — Mais il y a divergence d'opinions sur le point de savoir si l'on doit, dans tous les cas de délits ou de quasi-délits, accorder la réparation complète du préjudice qui en résulte directement, ou bien distinguer, comme les art. 1150 et 1151, les cas où il y a dol de ceux où il n'y a que négligence ou imprudence, et modérer, en ces derniers cas, la condamnation civile. Nous pensons que, sans se préoccuper du plus ou moins de culpabilité de l'agent du délit, les juges doivent toujours le condamner à réparer tout le préjudice causé. Car, si le législateur a, pour les cas prévus dans l'art. 1150, réduit les dommages-intérêts à la réparation du préjudice que les parties ont pu prévoir, c'est qu'il a pensé que si le créancier n'est privé d'aucun des avantages qu'il avait pu se promettre au moment de la convention, il n'a pas le droit de se plaindre, puisqu'il a atteint le but auquel il visait. Mais, dans notre matière, il est impossible de prendre une semblable base, le créancier n'ayant donné aucun consentement à la formation de la créance et n'ayant pu prévoir aucune chance de gain ni de perte. Proportionner le chiffre des dommages-intérêts au plus ou moins de culpabilité de l'auteur du délit, c'est tomber dans l'arbitraire, et c'est violer l'art. 1382, qui veut que la réparation du préjudice soit complète. — Il est à remarquer que dans toute notre matière, la simple imprudence ou négligence est mise sur la même ligne que le dol, quant aux effets civils. Le degré de culpabilité ne devra donc être pris en considération que pour l'application des peines.

Si le préjudice consiste en la soustraction ou le détournement d'une somme d'argent, les dommages-intérêts devront-ils, suivant la règle posée dans l'art. 1153, être uniquement de l'intérêt légal de la somme soustraite ? Nous ne croyons pas qu'il faille appliquer ici cet article spécial aux dommages-intérêts dus pour inexécution d'une convention. Le créancier ordinaire a pu, à l'avance, pour le cas où il ne serait pas payé, prendre des mesures pour se procurer, au taux légal, une somme égale à celle qui lui est due. Il n'en est pas de même de celui qui se voit, par un fait inattendu, privé d'une somme considérable. Il peut ne pas trouver immédiatement à emprunter une somme égale et éprouver un grave préjudice.

Mais, dès l'instant du délit, le montant des dommages-intérêts est virtuellement fixé ; il consiste en une somme qui sera plus tard déterminée par le Tribunal. Le fait même du délit a mis le débiteur en demeure ; il doit donc les intérêts de cette somme à partir du jour du délit, mais il ne doit que les intérêts légaux.

Les dommages-intérêts, étant une indemnité accordée à la personne lésée, doivent toujours être alloués à elle seule. L'art. 51 du Code pénal défend de les accorder à d'autres personnes, même du consentement du demandeur.

Lorsque plusieurs personnes sont condamnées pour un même fait, sont-elles tenues solidairement des dommages-intérêts? — L'art. 55 du Code pénal décide l'affirmative pour le cas où ce fait constitue un crime ou un délit. La loi est muette pour le cas où ce fait constitue seulement une contravention ou un délit purement civil ; la doctrine et la jurisprudence sont profondément divisées pour résoudre la question. Quelques auteurs, et parmi eux Toullier, sont d'avis que la solidarité ne peut être prononcée ni en matière de contravention, ni en matière de délits civils, la solidarité ne pouvant exister que lorsqu'elle a été établie par la loi ou par la convention des parties. D'autres auteurs, comme M. Duranton, admettent la solidarité pour les dommages-intérêts dus par suite d'une contravention, mais non pas en matière de délit civil, la solidarité ne se présumant pas au civil. La jurisprudence, assez hésitante, penche cependant pour accorder la solidarité dans tous les cas, qu'il s'agisse de crimes, de contraventions ou de simples délits civils. — Nous adoptons cette dernière opinion, qui nous paraît conforme à la nature des choses. Lorsque plusieurs personnes ont contribué à commettre un délit civil, chacune d'elles a, par sa faute, sa négligence ou son imprudence, été cause du préjudice total ; chacune d'elles est donc, en principe, tenue à le réparer. Mais le droit français, contraire en ce point au droit romain, ne veut pas que la personne lésée s'enrichisse par suite du délit dont elle a été victime ; l'indemnité ne sera donc perçue qu'une fois ; chacun des coupables, tout en étant débiteur de la totalité, n'en payera qu'une partie, et l'on peut dire en cette matière, comme en matière de partage de succession, *concursu partes fiunt*. Il n'en est pas moins vrai que le créancier a le droit de demander à chacun la totalité, puisque chacun la lui doit personnellement. L'art. 1202, qui dit que la solidarité ne se présume pas, doit être restreint à la matière des contrats où il se trouve placé ; il signifie qu'un créancier qui veut que ses débiteurs soient tenus solidairement envers lui doit le stipuler expressément ; mais ce motif ne peut être appliqué à la victime d'un délit qui n'a pu prendre aucune sûreté pour son payement.

Cette question résolue, il s'en élève une seconde, qui est de savoir si la solidarité qui existe en ces cas est une solidarité parfaite ou imparfaite. On admet généralement qu'il y a solidarité parfaite lorsque les codébiteurs se sont choisis pour contracter l'obligation et former entre eux une sorte d'association pour l'affaire qu'ils ont entreprise ; dans les autres cas il n'y a que solidarité imparfaite. Lorsque la dette commune résulte d'un crime, d'un délit, d'une contravention ou d'un simple délit civil, les auteurs de ces faits n'ont évidemment pas eu pour but de s'obliger, et ne se sont pas choisis pour veiller à l'exécution de la dette qu'ils contractaient. Nous pensons donc que, dans tous ces cas indistinctement, il n'y a qu'une solidarité imparfaite.

Les auteurs du délit étant condamnés solidairement, sans que le tribunal ait déterminé la part que chacun d'eux devra supporter dans la dette, celui qui a été obligé à payer la totalité des dommages-intérêts a-t-il recours contre ses codébiteurs pour leur faire supporter à chacun leur part virile de la condamnation ? Le droit romain décidait la négative, sous le prétexte que l'on ne peut acquérir une action par son propre délit. Ainsi Ulpien, dans la loi 1, § 14, *De tutelæ et rationibus* D., dit : « *Nec enim societas maleficiorum vel communicatio justa damni ex maleficio.* » Cette doctrine a encore été soutenue dans notre droit par quelques auteurs, mais plus généralement on accorde au condamné qui a payé plus que sa part un recours contre ses codébiteurs; et cela, croyons-nous, avec raison. Car, même dans la répression de l'injustice, il faut suivre les règles de la justice, et il ne serait pas juste de voir un des auteurs du délit, le moins coupable peut-être, en subir toutes les conséquences civiles, tandis que les autres en seraient exemptés.

La condamnation à des dommages-intérêts pour des faits constituant des crimes ou des délits correctionnels entraîne la contrainte par corps (art. 52 du Code pénal). La loi ne parle pas des contraventions ; nous les assimilerons donc aux simples délits civils qui n'entraînent la contrainte par corps que si le tribunal le juge convenable, et dans les cas prévus par l'article 126 du Code de procédure civile.

# POSITIONS

## Droit Romain.

1. L'action *in factum* donnée dans les cas qui se rapprochent des termes de là loi Aquilia ne forme qu'une seule et même action avec l'*actio utilis legis Aquiliæ*.

2. Il y a eu controverse entre les jurisconsultes de l'époque classique sur le point de savoir si l'action aquilienne pouvait être cumulée, pour un même fait, avec une action *rei persecutoria;* mais, dans le droit de Justinien, il est décidé que ce cumul n'est pas possible.

3. Lorsqu'un esclave institué héritier est blessé depuis l'ouverture de la succession, mais avant l'adition d'hérédité, il n'a pas l'action aquilienne, mais ses cohéritiers ont cette action pour la totalité.

4. La loi Aquilia n'assimile pas les complices à l'auteur principal du délit.

5. Dans la loi 55, *Ad legem Aquiliam* D., on doit placer un point d'interrogation après les mots *quoniam liberatus est promissor*.

## Droit Français.

(CODE NAPOLÉON.)

1. Le possesseur de bonne foi ne peut être tenu de

dommages-intérêts pour les détériorations qu'il a fait subir à la chose qu'il croyait sienne.

2. Les interdits peuvent s'obliger par leurs délits ou quasi-délits.

3. Le concessionnaire d'une mine doit des dommages-intérêts au propriétaire de la superficie pour le préjudice postérieur à la concession de la mine.

4. Le père n'est pas responsable des actes de son fils mineur émancipé demeurant chez lui.

5. Les maîtres et commettants ne peuvent pas prouver contre la présomption de faute établie contre eux par l'art. 1384 du Code Napoléon.

6. Les dommages-intérêts, en matière de délits et de quasi-délits, ne doivent porter que sur le préjudice certain et dérivant directement du fait dommageable.

7. Les tribunaux ne doivent pas, pour la liquidation des dommages-intérêts, tenir compte du plus ou moins de gravité de la faute.

8. Les coauteurs d'un délit purement civil sont tenus chacun *in solidum* au payement des dommages-intérêts.

9. Les étrangers jouissent, en principe, des mêmes droits civils, en France, que les Français ; ils ne sont privés que de ceux qui leur sont refusés par un texte spécial.

10. Une femme étrangère, divorcée à l'étranger, peut contracter en France un second mariage du vivant de son premier mari.

## Droit Pénal.

1. Un tribunal de police correctionnelle ne peut pas, en acquittant un prévenu, le condamner à des dommages-intérêts envers la partie civile.

2. Le second alinéa de l'art. 365 du Code d'instruction criminelle n'est pas applicable aux contraventions de simple police.

3. Celui qui, pouvant sauver une personne sur le point de périr, ne l'a pas fait, ne peut être condamné pour homicide par imprudence.

## Droit Administratif.

1. La loi du 10 vendémiaire an IV n'est pas applicable aux villes dont la municipalité est privée du droit de police.

2. Lorsque quelqu'un pratique des fouilles sans permission ni concession sur la propriété d'autrui, le minerai extrait appartient au propriétaire de la *superficie*.

## Droit des Gens.

Une puissance européenne n'a pas le droit d'exiger d'une nation non européenne, mais ayant un gouvernement régulier et n'étant plus à l'état sauvage, la cession d'un territoire pour y fonder un établissement.

## Histoire du Droit.

Les fiefs ont leur origine dans les bénéfices de l'époque franque.

*Vu par le Président de la Thèse :*
E. MACHELARD.

*Vu par le Doyen :*
C.-A. PELLAT.

PERMIS D'IMPRIMER :

*Le Vice-Recteur,*
ARTAUD.

# TABLE

## Droit romain.



## Droit français.

PARIS. — IMPRIMERIE RENOU ET MAULDE, RUE DE RIVOLI, 144. 313

www.ingramcontent.com/pod-product-compliance
Lightning Source LLC
LaVergne TN
LVHW020345230826
846091LV00003B/1001

* 9 7 8 2 0 1 6 1 9 9 9 6 1 *